contents
01

간단한 아랍어
발음법! **9**
초간편 기본회화! **13**
Best Basic Conversation!

알고 떠나자!
한 눈에 보는 지역학 정보! (아랍편) 34

1. 출발전 준비! **39**

- ❶ 항공권의 예약! **42**
- ❷ 예약확인/취소/변경 **44**
- ✚ 항공권 관련 단어 **46**

contents

2. 출국수속! 47

- ❶ 보딩패스! 1.   50
- ❷ 보딩패스! 2.   52
- ✚ 탑승 관련 단어   54

3. 출발! 기내에서 55

- ❶ 기내 입구에서!   58
- ❷ 기내 좌석에서!   60
- ❸ 기내식의 주문!   62
- ❹ 기내에서의 쇼핑!   64
- ❺ 기내에서의 요구!   66
- ❻ 신고서의 작성!   68
- ❼ 경유 / 환승할 때!   70
- ✚ 기내용 관련 단어들!   72
- ✚ 주요 안내 표현!   72
- ✚ 환승 관련 단어들!   74

4. 목적지 도착! 75

- ❶ 입국심사대에서 1.   78
- ❷ 입국심사대에서 2.   80
- ❸ 수하물 찾기!   82
- ❹ 세관심사!   84
- ❺ 공항 여행안내소   86
- ✚ 입국 관련 단어들!   88

Departure

출국수속 따라잡기!

공항에서의 출국수속은 다음과 같이 진행됩니다.

❶ 공항도착!

❷ 항공사데스크 체크인!

❸ 관광진흥기금권 구입!

❹ 환전!

❺ 비행기 탑승수속!
|세관신고|, |보안검색|, |출국심사|

❻ 탑승 게이트로 이동!

❼ 탑승!

5

C.I.Q!
출국장으로 들어가면 ❶ 세관검사, ❷ 보안검색, ❸ 출국심사가 차례로 이어집니다! 계속 앞으로 앞으로!

Step 5

6

탑승게이트로 이동!
탑승권에 표시된 탑승구로 이동합니다. '탑승시간'을 반드시 엄수하여야 합니다!!!

Step 6

✚ **잠깐만요!**
시간적 여유가 있다면 면세점에서 쇼핑을 하셔도 좋겠습니다.

✚ 비행기 출발 30분 전에는 탑승게이트 대기실에 도착해 있어야 합니다!

© Copyright 2004 by Shin Na Ra.

All rights reserved.
No part of this book may be reproduced,
without the written permission of
the copyright owner.

주머니속의 여행 아랍어
지은이 * 곽순례
펴낸이 * 남병덕
펴낸곳 * 신나라
연구편집 * 김미진,윤혜미,박종혁
2018년 11월 30일 개정2쇄 발행

등록 * 1991년 10월 14일
등록번호 * 제 2016-344호
주소 * 서울 마포구 독막로28길
　　　　63-4 . 304호
T.02) 6735-2100　　F.6735-2103

* 정가는 표지에 표시!

contents

5. 호텔의 이용! 89

- ❶ 체크인(예약시) 92
- ❷ 체크인(미예약) 1. 94
- ❸ 체크인(미예약) 2. 96
- ❹ 객실의 이용! 98
- ❺ 룸서비스의 이용 100
- ❻ 프론트의 이용 1. 102
- ❼ 프론트의 이용 2. 104
- ❽ 호텔식당의 이용 106
- ❾ 체크아웃 108
- ❿ 유스호스텔 이용 1. 110
- ⓫ 유스호스텔 이용 2. 112
- ✚ 호텔 관련 단어들! 114
- 잠깐! 숙소 정보! 116

6. 식당과 요리! 117

- ❶ 식당의 예약! 120
- ❷ 식당 미예약시 122
- ❸ 식사의 주문! 124
- ❹ 주문의 선택 1. 126
- ❺ 주문의 선택 2. 128
- ❻ 식사시의 표현! 130
- ❼ 식당을 찾을 때! 132
- ❽ 패스트푸드점 134
- ❾ 식사비의 계산! 136
- ✚ 식사 관련 단어들! 138
- ❿ 기타 주문 표현! 142
- ✚ 주점 관련 단어들! 144

7. 쇼핑용 회화! 145

- ❶ 쇼핑하는 법! 1.   148
- ❷ 쇼핑하는 법! 2.   150
- ❸ 물건값을 낼 때!   152
- ❹ 백화점 쇼핑!   154
- ❺ 면세점 쇼핑!   156
- ❻ 기념품점 쇼핑!   158
- ❼ 슈퍼마켓 쇼핑!   160
- ✚ 쇼핑 관련 단어들!   162

8. 우편, 전화, 은행! 163

- ❶ 우편물 보내기!   168
- ❷ 소포 보내기!   170
- ❸ 공중전화 걸기!   172
- ❹ 전화대화 표현!   174
- ❺ 국제전화 걸기! 1.   176
- ❻ 국제전화 걸기! 2.   178
- ❼ 호텔에서의 전화!   180
- ✚ 우편/전화 관련 단어!   182

- ❽ 은행의 이용!   184
- ❾ 잔돈 바꾸기!   186
- ✚ 은행 관련 단어들!   188

9. 교통수단! 189

❶ 철도의 이용! 1. **194**
❷ 철도의 이용! 2. **196**
❸ 버스의 이용! 1. **198**
❹ 버스의 이용! 2. **200**
❺ 선박의 이용! **202**
❻ 지하철의 이용! **204**
❼ 택시의 이용! **206**
❽ 렌터카의 이용! **208**
❾ 주유소의 이용! **210**
✚ 교통수단 관련 단어! **212**

10. 관광하기! 217

❶ 관광 시작하기! **222**
❷ 길 물어보기! 1. **224**
❸ 길 물어보기! 2. **226**
❹ 기념사진 찍기! **228**
✚ 관광 관련 단어! 1. **230**
✚ 관광 관련 단어! 2. **232**
❺ 공연의 관람! 1. **234**
❻ 공연의 관람! 2. **236**
❼ 나이트 클럽! **238**
❽ 스포츠 즐기기! **240**
✚ 오락 관련 단어! 1. **242**
✚ 오락 관련 단어! 2. **244**

contents
06

11. 사고상황의 대처! 245

- ❶ 분실사고시! 1. **250**
- ❷ 분실사고시! 2. **252**
- ❸ 사고의 신고! **254**
- ❹ 긴급! 간단표현! **256**
- ❺ 병원 치료! **258**
- ❻ 약국의 처방! **260**
- ✚ 사고상황 관련 단어! **262**

12. 귀국 준비! 265

- 귀국절차! **268**

[특별 부록]
비지니스 아랍어회화! 270

- ❶ 방문객을 맞을 때! **274**
- ❷ 인사할 때! **276**
- ❸ 회사를 소개할 때! **278**
- ❹ 전화 통화시에! **280**
- ❺ 상담할 때! **282**
- ❻ 계약, 주문을 할 때! **284**

부록: 필수 단어 사전! 286

간단한 아랍어 발음법!

아랍어를 처음 접하시는 독자 여러분을 위해 '가장 쉽게 아랍어를 발음하실 수 있는 방법'을 소개합니다. 편하고 간단하게 익혀서 실전에 바로 쓰실 수 있습니다!
(한국어 발음표기는 편의상 원음에 가장 가까운 음으로 표시하여 외래어표기법과는 다소 다를 수 있습니다.)

간단한 아랍어 발음법!

아랍어 발음의 기본적인 특징!

아랍어는 아라비아 반도 및 북아프리카에 위치한 아랍국가들의 국어입니다. 사우디 아라비아, 쿠웨이트, 바레인, 카타르, 아랍에미레이트, 예멘, 오만, 이라크, 시리아, 레바논, 팔레스타인, 요르단, 이집트, 튀니지, 알제리, 모로코, 리비아, 수단, 모리타니아, 소말리아, 지부티... 등의 국가에서 모국어 또는 공용어로 쓰이며, 전세계 56개국 13억명 이상의 이슬람교도(무슬림)의 종교어로 쓰이고 있습니다.

아랍어 자음

아랍 문자는 28개의 자음으로 이루어져 있으며, 오른쪽에서 왼쪽으로 씁니다. 아랍어의 모음은 '아, 우, 이' 3개로 자음의 위나 아래에 부호를 사용하여 표기하나, 일반적으로는 모음표기 없이 자음으로만 쓰여집니다. 아랍어 자음은 대문자와 소문자의 구별이 없으나, 낱말에서 자음이 오는 위치에 따라 독립형, 어두형, 어중형, 어말형의 4가지 모양으로 쓰입니다.

발음공부

명칭	독립형	어두형	어중형	어말형	발음기호
'alif-hamzah (알리프-함자)	ا	ا	ا	ا	' (ㅇ)
baa' (바)	ب	بـ	ـبـ	ـب	b (ㅂ)
taa' (타)	ت	تـ	ـتـ	ـت	t (ㅌ)
thaa' (싸)	ث	ثـ	ـثـ	ـث	th (ㅆ, ㄸ)
Jiim (짐)	ج	جـ	ـجـ	ـج	j (ㅈ)
Haa' (하)	ح	حـ	ـحـ	ـح	H (ㅎ)
khaa' (카)	خ	خـ	ـخـ	ـخ	kh (ㅋ)
daal (달)	د	د	ـد	ـد	d (ㄷ)
dhaal (달)	ذ	ذ	ـذ	ـذ	dh (ㄷ)
raa' (라)	ر	ر	ـر	ـر	r (ㄹ)
zaay (자이)	ز	ز	ـز	ـز	z (ㅈ)
siin (씬)	س	سـ	ـسـ	ـس	s (ㅅ)
shiin (쉰)	ش	شـ	ـشـ	ـش	sh (슈)
Saad (싸드)	ص	صـ	ـصـ	ـص	S (ㅆ)
Daad (다드)	ض	ضـ	ـضـ	ـض	D (ㄷ)

"여행회화, 기본의 기본입니다! 미리 준비해 두시면 유용하게 자주 쓸 수 있는 표현들입니다!!!"

괄호 안처럼 발음됩니다!

Taa' (따)	ط	ط	ط	ط	T (뜨)
Zaa' (따, 자)	ظ	ظ	ظ	ظ	Z (뜨, 즈)
'ayn (아인)	ع	ع	ع	ع	' (으)
Ghayn (가인)	غ	غ	غ	غ	gh (그)
faa' (파)	ف	ف	ف	ف	f (프)
qaaf (카프)	ق	ق	ق	ق	q (끄)
kaaf (카프)	ك	ك	ك	ك	k (크)
laam (람)	ل	ل	ل	ل	l (르)
miim (밈)	م	م	م	م	m (므)
nuun (눈)	ن	ن	ن	ن	n (느)
haa' (하)	ه	ه	ه	ه	h (흐)
waaw (와우)	و	و	و	و	w (우)
yaa' (야)	ي	ي	ي	ي	y (이)

12

초간편 기본회화!
Best Basic Conversation!

여행 아랍어 회화!
기본의 기본을 소개합니다.
10가지 기본 상황별로 정리했습니다!

❶ 대답하는 법! ❷ 인사할 때!
❸ 자기소개 할 때! ❹ 부탁할 때!
❺ 감사의 인사! ❻ 전화, 약속!
❼ 사과를 할 때! ❽ 물어 볼 때!
❾ 날씨와 시간! ❿ 긴급할 때!

초간편 기본회화!
Best Basic Conversation!

여행 아랍어 회화!
기본의 기본을 소개합니다.
10가지 기본 상황별로 정리했습니다!

대답할 때 자주
쓰는 표현들을
공부합니다!

예.(네.)

نعم .

나암.

아니오.

لا .

라-(la).

알겠습니다. / 그래요.

أعرف .

아으리프.

알겠습니다.(알았습니다.)

أو كيه/ طيّب .

오케이./따입.

초간편 ① 기본회화

① 대답하는 법!

맞습니까?

هل هذا صحيح ؟

할 하다 싸히-하?

맞아요. / 그렇습니다.

هذا صحيح .

하다 싸히-하.

동의합니다. (사람)

أوافق عليك .

우와-피끄 알라익.

저도 그렇게 생각합니다.

أظنّ كذلك أيضا .

아준누 카달-릭 아이단.

가장 많이 쓰는 표현들입니다. 자신있게 "Yes!"

"여행회화, 기본의 기본입니다! 미리 준비해 두시면 유용하게 자주 쓸 수 있는 표현들입니다!!!"

초간편 기본회화!
Best Basic Conversation!

여행 아랍어 회화!
기본의 기본을 소개합니다.
10가지 기본 상황별로 정리했습니다!

다양한 인사법들을 연습해 보겠습니다!

안녕하십니까?

السلام عليكم .

앗쌀라-므 알라이쿰.

안녕하십니까? (아침인사)

صباح الخير .

싸바-할 카이르.

안녕하십니까? (오후인사)

مساء الخير .

마싸-알 카이르.

안녕히 주무세요.

تصبح على الخير .

투쓰비흐 알랄 카이르.

❷ 인사할 때!

오랜만입니다.

لم أراك لمدّة طويلة .

람 아라-카 리뭇다 따윌-라.

안녕히 계세요. (가세요)

مع السلامة .

마앗 쌀라-마.

그럼 나중에 또 만나요.

إلى اللقاء .

일랄 리까-.

즐거운 하루되세요!

نتمنّى لكم وقتًا طيّبًا !

나타만나- 라쿰 와끄탄 따이반!

인사할 때는 언제나 웃는 얼굴로 하셔야 해요~!

"여행회화, 기본의 기본입니다! 미리 준비해 두시면 유용하게 자주 쓸 수 있는 표현들입니다!!!"

초간편 기본회화!
Best Basic Conversation!

여행 아랍어 회화!
기본의 기본을 소개합니다.
10가지 기본 상황별로 정리했습니다!

자기를 소개할 때 쓸 수 있는 기본 표현들입니다!!

처음 뵙겠습니다.

تشرّفنا بلقائكم.

타샤라프나 비리까-이쿰.

저도 잘 지내고 있어요.

شكرا.
أنا بخير.

슈크란. 아나- 비카이르.

만나서 반갑습니다.

مرحّبا بكم.

마르하반 비쿰.

❸ 자기소개 할 때

내 이름은 동현이고,
나는 학생입니다.

اسمي دونغ هيون .
أنا طالب .

이쓰미- 동현. 아나- 딸립.

나이가 어떻게 되십니까?

كم عمرك ؟

캄 우무룩?

(나는) 23 (살이에요).

عمري ٢٣ (ثلاثة وعشرون) سنة .

우무리- 쌀라-싸 와이슈룬- 싸나.

나는 삼성에 다닙니다.

أعمل في شركة سامسونج .

아으말 피 샤리카트 삼성.

이 정도로만 설명해도 당신은 이미 성공입니다!

초간편 기본회화!
Best Basic Conversation!

여행 아랍어 회화!
기본의 기본을 소개합니다.
10가지 기본 상황별로 정리했습니다!

부탁하실 일이 있으면 주저하지 말고 말씀하세요!

저 좀 도와주세요.

ساعدني .

싸-이드니-.

이것 좀 도와주시겠어요?

هل يمكن أن تساعدني ؟

할 윰킨 안 투싸-이드니-?

그것을 해주시겠습니까?

هل يمكن أن تقدّم لي خدمة ؟

할 윰킨 안 투깟디무 리- 키드마?

초간편 ④ 기본회화

❹ 부탁할 때!

제 부탁 하나만 들어주세요.

عندي طلب .

인디- 딸랍.

물론이죠.

أكيد / طبعًا/ بالتأكيد/ بكل سرور .

아키-드/따브안/
빗타으키-드/비쿨리 쑤루-르.

좀더 천천히 얘기해 주십시오.

هل يمكن أن تتكلّم ببطء .

할 윰킨 안 타타칼람 비부뜨.

도움이 필요하십니까? 이렇게 말씀하십시오~!

"여행회화, 기본의 기본입니다! 미리 준비해 두시면 유용하게 자주 쓸 수 있는 표현들입니다!!!"

초간편 기본회화!
Best Basic Conversation!

여행 아랍어 회화!
기본의 기본을 소개합니다.
10가지 기본 상황별로 정리했습니다!

도움을 받았다면 반드시 감사의 인사를 전합니다.

감사합니다.

شكرًا (جزيلا).

슈크란 (좌질-란).

전화해 주셔서 감사합니다.

شكرًا على اتّصالك الهاتفي.

슈크란 알라- 잇티쌀-리칼 하-티피-.

정말 고맙습니다.

ألف شكر.

알프 슈크르.

❺ 감사의 인사!

도와주셔서 감사합니다.

شكرًا على مساعدتك .

슈크란 알라- 무싸-아다탁.

아주 많이 도움을 받았어요.

إنها مساعدة عظيمة .

인나하- 무싸-아다 아지-마.

천만에요.

عفوًا .

아프완.

천만에요.

لا شكر على واجب .

라 슈크르 알라- 와-집.

감사의 인사, 정중할수록 더욱 좋습니다~!

"여행회화, 기본의 기본입니다! 미리 준비해 두시면 유용하게 자주 쓸 수 있는 표현들입니다!!!"

초간편 기본회화!
Best Basic Conversation!

여행 아랍어 회화!
기본의 기본을 소개합니다.
10가지 기본 상황별로 정리했습니다!

전화를 할 때, 약속을 할 때 쓰는 표현들입니다.

아흐마드 좀 바꿔 주시겠어요?

أريد أن أتحدّث مع أحمد .

우리-드 안 아타핫다쓰 마아 아흐마드.

전 데요.

يتحدّث .

야타핫다쓰.

누구 신가요?

من يتحدّث ، من فضلك .

만 야타핫다쓰, 민 파들릭.

전할 말씀 있으세요?

هل تريد أن تترك رسالة ؟

할 투리-드 안 타트루크 리쌀-라?

초간편  기본회화

❻ 전화, 약속!

지금 좀 뵐 수 있을까요?

هل يمكن أن أراك الآن ؟

할 윰킨 안 아라-카 알안-?

당신은 언제가 가장 적당합니까?

متى الأفضل لك ؟

마타- 알아프달 라카?

이번 주말 시간 있으세요?

هل عندك فراغ في نهاية هذا الأسبوع ؟

할 인다카 피라-그 피 나햐-야
하달 우쓰부-아?

전화로 약속을 정할 때는 메모를 준비하세요~!

"여행회화, 기본의 기본입니다! 미리 준비해 두시면 유용하게 자주 쓸 수 있는 표현들입니다!!!"

초간편 기본회화!
Best Basic Conversation!

여행 아랍어 회화!
기본의 기본을 소개합니다.
10가지 기본 상황별로 정리했습니다!

실례, 결례가 되었다면 말씀해 주세요~!

실례합니다.

عفوًا .

아프완.

죄송합니다.

متأسّف (آسف) .

무타앗씨프 (아-씨프).

용서해주세요.

سامحني .

싸-미흐니-.

늦어서 죄송합니다.

متأسّف على تأخري .

무타앗씨프 알라- 타앗쿠리-.

초간편 7 기본회화

7 사과를 할 때!

저의 사과를 받아주십시오.

الرجاء قبول عذري .

아라자- 꾸불- 아드리-.

(대화 중) 끼어 들어도 되겠습니까?

اسمح لي أن أتحدّث معك .

이쓰마흐 리- 안 아타핫다쓰 마아카.

좋습니다. / 괜찮아요.

بكل سرور./ أهلا .

비쿨리 쑤루-르./아흘란.

미안해하실 필요 없습니다.

لماذا تأسف ؟

리마-다 타으싸프?

실례가 되었다면 표정도 미안스러워야 하겠죠~!

"여행회화, 기본의 기본입니다! 미리 준비해 두시면 유용하게 자주 쓸 수 있는 표현들입니다!!!"

초간편 기본회화!
Best Basic Conversation!

여행 아랍어 회화!
기본의 기본을 소개합니다.
10가지 기본 상황별로 정리했습니다!

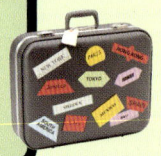

궁금한 모든 것을 물어 볼 수 있습니다!

뭐라고 그러셨지요?

آسف .

아-씨프.

그게 무슨 뜻이죠?

ماذا تعني ؟

마-다 타으니-?

좀 크게 말씀해 주시겠어요?

يمكن أن تتكلّم بصوت مرتفع قليلا ؟

윰킨 안 타타칼람 비싸우트 무르타피아 깔릴-란?

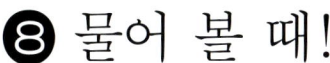

❽ 물어 볼 때!

철자를 좀 알려주시겠어요?

هل تعرّفني حروفها ، من فضلك ؟

할 투아리프니- 후루-프하, 민 파들릭?

근처에 은행은 어디에 있습니까?

أين أقرب مصرف ؟

아이나 아끄랍 마쓰리프?

저기 오른쪽입니다.

إنه إلى اليمين هناك .

인나후 일랄- 야민- 후나-카.

잘 모르시겠다구요? 다시 한번 더 물어 보셔요~!

"여행회화, 기본의 기본입니다! 미리 준비해 두시면 유용하게 자주 쓸 수 있는 표현들입니다!!!"

초간편 기본회화!
Best Basic Conversation!

여행 아랍어 회화!
기본의 기본을 소개합니다.
10가지 기본 상황별로 정리했습니다!

날씨와 시간에 대해 이야기 하는 방법들입니다!

오늘 날씨가 어떻습니까?

كيف الجو اليوم ؟

카이팔 자우 알야움?

비 올 것 같습니다.

يبدو أنه ممطر .

야브두 안나후 뭄띠르.

날씨가 좋군요. 그렇죠?

الجو لطيف ،
أليس كذلك ؟

알자우 라띠-프, 알라이싸 카달-릭?

지금 몇 시입니까?

كم الساعة الآن ؟

캄잇 싸-아툴 안-?

초간편 ⑨ 기본회화

⑨ 날씨와 시간!

12시 30분이에요.

الساعة الثانية عشرة والنصف.

아싸-아 싸-니야 아샤라 완니쓰프.

오늘은 무슨 요일입니까?

ما اليوم من الأسبوع ؟

말- 야움 민알 우쓰부-아?

오늘 며칠입니까?

ما اليوم ؟

말- 야움?

5월 5일입니다.

اليوم الخامس من شهر مايو .

알야우물 카-미쓰 민 샤흐르 마-유.

요일과 날짜를 물을 때 쓰는 방법도 기억해 둡니다.

"여행회화, 기본의 기본입니다! 미리 준비해 두시면 유용하게 자주 쓸 수 있는 표현들입니다!!!"

초간편 기본회화!
Best Basic Conversation!

여행 아랍어 회화!
기본의 기본을 소개합니다.
10가지 기본 상황별로 정리했습니다!

위급한 경우에 쓸 수 있는 표현들입니다!

앰뷸런스를 좀 불러주세요.
أحتاج إلى سيّارة الإسعاف .
아흐타즈 일라 싸야-라틀 이쓰아-프

응급상황입니다.
هذه حالة طارئة .
하-디히 할-라 따-리아.

경찰서 좀 대 주세요.
الشرطة تفضّل .
앗슈르따 타팟달.

발목을 삐었어요.
التوى قدمي
일타와 까다미-.

초간편

⑩ 긴급할 때!

현기증이 납니다.

أشعر بالدوّار .

아슈우르 빗다와-르.

팩스가 작동되지 않습니다.

لا يعمل جهاز الفاكس عندي .

라- 야으말 지하-즐 팩스 인디-.

차가 고장났습니다.

سيّارتي معطّلة .

싸야-라티- 무앗딸라.

타이어가 펑크났습니다.

نفّس العجل

낫피쓸 아잘.

긴급구조 요정을 할 때는 말을 보다 더 또박또박!!

"여행회화, 기본의 기본입니다! 미리 준비해 두시면 유용하게 자주 쓸 수 있는 표현들입니다!!!"

알고 떠나자!
한 눈에 보는 지역학 정보!

중동이라통칭고 하면 동쪽으로는 이란, 서쪽으로는 이집트까지의 지역을 말하는데 남북으로는 아라비아 반도에서 키프로스, 터키까지를 포함한 지역을 의미합니다. 또한 마그레브 지역의 모로코, 리비아, 알제리, 수단 등을 모두 포함해서 중동이라고 말하기도 합니다. 본서에서는 중동지역의 아랍언어권 국가를 여행하실 때 필요한 정보와 여행 회화표현을 정리하고 있습니다.

아랍어권 국가 정보!

아랍어권 국가 정보!

중동은 동쪽으로는 이란, 서쪽으로는 이집트까지의 지역을 말하는데 남북으로는 아라비아 반도에서 키프로스, 터키까지를 포함한 지역을 의미합니다. 또한 마그레브 지역의 모로코, 리비아, 알제리, 수단 등을 모두 포함해서 중동이라고 말하기도 합니다. 그래서 넓은 의미의 중동 국가에는 사우디 아라비아, 이집트, 오만, 예멘, 아랍에미레이트, 카타르, 쿠웨이트, 바레인, 이란, 이라크, 요르단, 이스라엘, 팔레스타인, 시리아, 레바논, 리비아, 튀니지, 알제리, 모로코, 수단, 모리타니아 등이 있습니다.

중동 국가들은 대부분이 아랍인들의 나라이므로 아랍어를 공통 언어로 사용하며 그와 더불어 이스라엘은 히브리어, 이란은 페르시아어, 터키는 터키어 등이 통용됩니다.
이처럼 아랍어를 공통적으로 사용하기 때문에 앗샤르낄 아우사트, 알-하야트 같은 아랍어 신문이나 알자지라 같은 아랍어 방송이 나라와 상관없이 중동 지역 전체를 대상으로 하고 있습니다.

"여행회화, 기본의 기본입니다! 미리 준비해 두시면 유용하게 자주 쓸 수 있는 표현들입니다!!!"

종교로는 이슬람 순니파가 대부분이지만, 이와 더불어 이라크 남부, 사우디 아라비아 동부 지역에는 쉬아파가, 이집트, 레바논, 이라크, 시리아 등지에는 기독교가 전파되고 있습니다. 그러나 지역마다 이 모든 종교가 동시에 공존하고 있으므로 예루살렘은 기독교, 유대교, 이슬람교 세 종교의 성지로 종교분쟁을 야기하고 있기도 합니다.

이집트

국명 : 이집트 아랍 공화국(Arab Republic of Egypt)

수도 : 카이로

주요 도시 : 알렉산드리아, 포트사이드, 수에즈, 탄타, 아슈트 등이 있습니다.

인구 : 약 6,300만명

공용어 : 아랍어

종교 : 이슬람 순니파가 대부분이며, 기독교계 콥트교도 약간 있습니다.

통화 : 이집트 파운드(Pound)

사우디 아라비아

정식 명칭 : 사우디 아라비아 왕국(Kingdom of Saudi Arabia)

수도 : 리야드

주요 도시 : 젯다, 멕카, 타이프 등이 있습니다.

인구 : 약 2200만명이며 이중 3%가 외국인 근로자로서 우리나라 근로자도 많이 있습니다.

공용어 : 아랍어

종교 : 이슬람 수니파가 대다수이며, 멕카, 메디나는 이슬람교의 성지입니다.

통화 : 사우디 리얄(Riyal)

쿠웨이트

정식 명칭 : 쿠웨이트국(State of Kuwait)

수도 : 쿠웨이트시

주요 도시 : 사르미야, 하와리 등이 있습니다.

인구 : 약 227만명

공용어 : 아랍어이며, 영어도 널리 쓰이고 있습니다.

종교 : 이슬람 순니파와 쉬아파

통화 : 쿠웨이트 디나르(Dinar)

1. 출발전 준비!

해외여행에 앞서 반드시 준비되어야 할 것 들이 있습니다. 우선 기본적으로 갖추어야 할 것으로 ❶ 여권, ❷ 비자, ❸ 각종 증명서 발급, ❹ 항공권, ❺ 환전 및 여행자 보험 가입, ❻ 여행정보수집 등을 들 수 있습니다.

❶ 여권의 준비!

여권의 종류 : 여권은 '대한민국 국민임을 증명하는 증명서' 입니다. 외국에서의 안전을 보장해 주는 신분증이기에 가장 중요한 준비물입니다.

빠르게 찾고 쉽게 말하는 여행회화! 여러분의 여행을 보다 즐겁고 편안하게 만들어 드립니다!!

비자 | 각종 증명서!

여권의 종류는 관용여권과 일반여권으로 나뉘며, 여행자들이 받게되는 일반여권은 유효기간에 따라 복수여권(5년), 단수여권(1년)으로 나뉩니다. 복수여권은 5년간 사용 횟수에 제한이 없기 때문에 일반적으로 많이 신청하는 편입니다.

여권의 신청 : 여권은 시, 구청 여권과에서 발급하며, 보통 2~3일 소요됩니다.(지방 시, 군청은 7~10일 소요) 여권 신청서류는 ⓐ 여권발급 신청서, ⓑ 주민등록등본 1통, ⓒ 주민등록증이나 운전면허증, ⓓ 여권용 사진 2매, ⓔ 병역서류 (국외여행허가서), ⓕ 발급비(복수여권:45,000원, 단수여권:15,000원) 등 입니다.

❷ 비자의 준비!

비자(VISA)는 '입국사증', 즉 '입국을 허락하는 증명서'로서 해당 여행국가의 주한대사관에서 받을 수 있습니다.
이집트 : 관광목적일 경우 1개월까지는 비자 없이 입국이 가능하며 국내뿐 아니라 카이로 공항에서도 여권, 환전 증명서, 입국 신고서에 VISA FEE를 붙여 제출하면 바로 비자를 받을 수 있음. **사우디 아라비아의 경우,** 21세 미만의 여행자나 여권에 이스라엘 비자나 이스라엘을 출입한 기록이 있는 경우는 비자 발급이 안됨.

❸ 각종 증명서!

각종 할인혜택과 더불어 여행을 더욱 편리하게 해주는 각종 증명서들이 있습니다. 미리 준비해 두면 유용하게 쓸 수 있고, 보다 경제적인 여행을 할 수 있습니다.

ⓐ **국제학생증** : 국제학생여행연맹이 발급하는 전세계 어

1. 출발전 준비!

디에서나 통용되는 학생증입니다. 신청서류는 학생증사본, 반명함판 사진 1매, 신청서, 수수료이고, 발급장소는 국제학생여행사(02-733-9494)이며, 발급후 1년간 유효합니다.
http://www.isic.co.kr

ⓑ **유스호스텔회원증** : 여행자를 위한 숙소인 세계 각국의 유스호스텔을 사용할 수 있는 회원증입니다. 신청서류는 회원신청서 1부이며, 발급장소는 한국유스호스텔연맹(02-725-3031)이나 각 지방 유스호스텔 연맹에서 신청 가능합니다.
http://www.kyha.or.kr

✚ 그밖의 여행준비물!

그밖에 필요한 여행준비물들로는 먼저 ⓐ 옷가지(해당지역의 기후에 맞게 2~3벌), 우비 또는 우산, 양말, 속옷(3~4벌)이 필수적이며, 비지니스맨이라면 색상이 다른 와이셔츠와 넥타이 세벌씩은 기본입니다. ⓑ 위생용구(수건, 세면도구, 화장품, 비상약품 - 감기약, 소화제, 정로환, 반창고, 붕대)가 필요할 것이며, 그리고 ⓒ 작은 배낭, 전대, 맥가이버칼, 간단한 인스턴트 식품류 2~3일분, 소형 계산기, 카메라, 필름 등을 준비하면 됩니다. 그리고 가능하다면 읽을 만한 책 한 권 정도를 함께 준비하면 여행은 훨씬 더 풍성해 질 것입니다.

빠르게 찾고 쉽게 말하는 여행회화! 여러분의 여행을 보다 즐겁고 편안하게 만들어 드립니다!!

① 항공권의 예약!

❶ 이집트 항공사입니다. 말씀하십시오.

❷ 카이로행 비행기편의 예약을 하고 싶습니다.

❸ ~행 항공편을 예약하고 싶습니다.

❹ 언제 떠나실 예정이죠?

❺ 이번 금요일이요.

❻ 금요일 오후에 출발하는 비행기가 있나요?

❼ 카이로까지 왕복 티켓료는 얼마입니까?

❽ 이코노미 클래스(2등석)로 주십시오.

❾ 그것으로 하겠습니다.

1. 출발전 준비!

❶ هنا الخطوط المصريّة . أيّ خدمة ؟
후나- 알쿠뚜-뚤 미쓰리야. 아이 키드마?

❷ أريد أن أحجز مقعدًا على الطائرة إلى القاهرة
우리-드 안 아흐주즈 마끄아단 알랏- 따-이라 일랄- 까히라.

❸ أريد أن أحجز مقعدًا على الطائرة إلى ~ .
우리-드 안 아흐주즈 마끄아단 알랏- 따-이라 일라 ~.

❹ متى تغادر ؟
마타- 투가-디르?

❺ يوم الجمعة القادم .
야우물 주므알 까-딤.

❻ هل توجد أي طائرة يوم الجمعة بعد الظهر ؟
할 투-자드 아이 따-이라 야우말 주므아 바으닷 주흐르?

❼ بكم تذكرة الطائرة إلى القاهرة ذهابًا وإيابًا ؟
비캄 타드키라트 떠이라이야 카 헤레이아 헤븐.

❽ تذكرة سياحية ، من فضلك .
타드키라 씨야-히야, 민 파들릭.

❾ آخذه .
아-쿠드후.

빠르게 찾고 쉽게 말하는 여행회화! 여러분의 여행을 보다 즐겁고 편안하게 만들어 드립니다!!

❷ 예약확인|취소|변경

❶ 아랍에미레이트 항공사입니다. 말씀하십시요.

❷ 항공권 예약 재확인을 하고 싶습니다.

❸ 이 예약을 취소해 주십시오.

❹ 예약을 변경하고 싶습니다.

❺ 성함과 비행기 번호를 말씀해주시겠습니까?

❻ 제 이름은 김철수입니다.

❼ 저의 항공편 번호는 304입니다.

1. 출발전 준비!

❶ هنا الخطوط الإماراتية . أيّ خدمة ؟

후나 알쿠뚜-뚤 이마-라티야. 아이 키드마?

❷ أريد التأكيد على الحجز .

우리-듯 타으키-드 알랄- 하즈즈.

❸ ألغ الحجز ، من فضلك .

알길 하즈즈, 민 파들릭.

❹ أريد أن أغيّر حجزي .

우리-드 안 우가이르 하즈지-.

❺ ما اسمك ورقم الطائرة ، من فضلك .

마쓰무카 와라꾸믓 따-이라, 민 파들릭.

❻ اسمي تشول سو كيم .

이쓰미- 철수 김.

❼ رقم طائرتي ٣٠٤ .

라꿈 따-이라티- 쌀라-싸 씨프르 아르바아.

항공권 관련 단어

여행사	وكالة السياحة والسفر	위칼-라툿 씨야-하 왓싸파르
항공사	شركة الخطوط الجويّة	샤리카틀 쿠뚜-뜰 좌위야
항공권	تذكرة الطائرة	타드키라툿 따-이라
예약	حجز	하즈즈
확인	تأكيد	타으키-드
재확인	إعادة التأكيد	이아-다툿 타으키-드
취소	إلغاء	일가-
스케줄	جدول	좌두왈
편도항공권	تذكرة ذهابًا	타드키라 다하-반
왕복항공권	تذكرة ذهابًا وإيابًا	타드키라 다하-반 이야-반
1등석	الدرجة الأولى	앗 다라좌틀 우울라-
2등석	الدرجة السياحية	앗 다라좌툿 씨야-히야
비예약좌석	مقعد حرّ	마끄아드 후르르
항공편명	رقم الطائرة	라끄뭇 따-이라
연락처	عنوان الاتصال	우느와-늘 잇티쌀-
수속	تسجيل	타쓰질-
운임	أجرة	우즈라

2. 출국수속!

❶ 출국준비의 순서!

공항에서의 출국수속은 크게 다음과 같이 진행됩니다. 공항에 도착하시면 다음과 같은 순서로 출국수속을 밟으세요.

❶ 병무신고(남자 : 공항병무신고 사무소 3층 A카운터에서 확인필증 교부), ❷ 항공사 체크인(자신이 이용할 항공사 카운터로 이동해서 비행기 좌석번호와 수하물표를 받음), ❸ 관광진흥기금 구입(자동판매기 이용) 및 환전(공항 환전소나 공항내 면세점 구역 환전소 이용), ❹ 출입국신고서 작성(출국심사대 앞에 비치되어 있음), ❺ 비행기 탑승수속, ❻ 세관신고(고가품은 신고필증(**custom stamp**)을 교부 받도록 함), ❼ 보안검색(금속탐지문 통과), ❽ 출국심사(탑승권, 여권, 출입국신고서

공항에서의 상식

를 제출하면 심사관이 확인한 후 날인과 함께 출입국신고서의 한쪽을 절취해 여권에 부착해 줍니다), ❾ 탑승게이트로 이동, ❿ 탑승의 순서로 임하시면 되겠습니다.

공항에는 최소한 2~3시간 전에 도착하도록 하며, 비행기 출발 30분 전에는 탑승게이트 대기실에 도착해 있어야 합니다.

❷ 인천국제공항 상식

ⓐ **공항까지의 교통편** : 국제선 이용 승객은 인천국제공항을 이용합니다. 인천국제공항까지는 인천국제공항 전용고속도로(40.2km)를 이용합니다. 서울에서 인천공항까지의 이동 방법으로는 리무진 버스(서울역-인천국제공항 간 75분 소요), 택시(60분 소요), 지하철(5호선 방화역, 김포공항 리무진 버스로 환승)을 이용하실 수 있습니다. 운송화물을 미리 보낼 경우, 김포 도심 터미널이나 삼성동 서울 도심공항 터미널을 이용하시면 공항 이용료가 할인됩니다.

> 인천국제공항 : **www.airport.or.kr**
> 서울 도심공항터미널 : **www.kcat.co.kr**

ⓑ **공항 면세점** : 출국심사를 마치고 탑승게이트 쪽으로 들어서면 공항 면세점이 중앙에 있습니다. 선물(시계, 화장품, 향수, 민속상품, 기념품)이나 기호품(담배, 술, 초콜릿, 문구류, 필름)을 할인된 가격으로 살 수 있습니다.

2. 출국수속!

❸ 공항에서 할 일!

ⓐ **병무신고** : 만 18세 이상 30세까지의 병역미필자는 인천국제공항 청사 3층에 있는 병무신고소에 거주지 동사무소로부터 발급 받은 신고필증을 제출하고, 확인필증을 교부받으면 됩니다.

ⓑ **항공사 데스크에서의 보딩패스** : 항공사 데스크로 가서 여권, 항공권을 제시하면 비행기내 좌석번호를 받게 됩니다. 그리고 탁송할 화물들을 계근대 위에 올려 놓으면 항공사 직원은 확인 후 수하물표(**claim tag**)를 가방에 달아 주고, 화물의 인환증을 항공표 뒷면에 붙여 줄 것입니다. 이 때 인환증의 갯수와 행선지 표시를 반드시 확인해 만약 하물이 분실되었을 경우를 대비해야 합니다.

ⓒ **출국수속** : 관광진흥기금을 내고 출국심사장으로 들어가면 곧바로 세관을 통과하게 되고 출국심사대 앞에 서게 됩니다. 이때는 여권 항공권, 출국신고서를 심사대 직원에게 제출하면 됩니다. 직원은 여권의 유효관계를 확인하고 출국심사확인표를 여권에 붙여 줍니다.

✚ 관광진흥기금 구입과 출입국신고서 작성

'관광진흥기금'은 각 데스크 근처의 자동판매기에서 살 수 있으며, 가격은 10,000원입니다. (이것을 출국수속장 입구에 내시면 됩니다.) 그리고 출입국신고서는 탑승수속 카운터 앞쪽에 마련된 테이블에 비치되어 있는 출입국신고서(**E/D Card**) 양식에 작성하면 됩니다. 양식은 한글, 한자, 알파벳으로 작성합니다.

빠르게 찾고 쉽게 말하는 여행회화! 여러분의 여행을 보다 즐겁고 편안하게 만들어 드립니다!!

① 보딩패스! 1.

❶ 비행기표를 보여 주시겠습니까?

❷ 여기 있습니다.

❸ 통로측과 창측 어떤 좌석을 원하십니까?

❹ 창측 좌석을 원합니다.

❺ 통로측 좌석을 원합니다.

❻ 네, 여기 있습니다. 좌석번호는 20-A입니다.

❼ KAL카운터로 이 짐을 운반해 주세요.

❽ 짐이 있습니까?

❾ 네, 있습니다.

2. 출국수속!

❶ دعني أرى تذكرتك ، من فضلك .
다으니- 아라- 타드키라탁, 민 파들릭.

❷ ها هي .
하- 히야-.

❸ هل تريد مقعدًا في المرور أو عند الشباك ؟
할 투리-드 마끄아단 필 무루-르 아우 인닷 슈바-크?

❹ أريد مقعدًا عند الشباك ، من فضلك .
우리-드 마끄아단 인닷 슈바-크, 민 파들릭.

❺ أريد مقعدًا في المرور ، من فضلك .
우리-드 마끄아단 필 무루-르, 민 파들릭.

❻ طيّب . ها هي . رقم مقعدك 20-A .
따입. 하- 히야-. 라꿈 마끄아닥 이슈린 에이.

❼ خذ هذه الحقائب إلى منضدة KAL ، من فضلك .
쿠드 하-디힐 하까-이브 일라 민다다 KAL, 민 파들릭.

❽ هل عندك حقائب ؟
할 인다카 하까-입?

❾ نعم ، عندي حقائب .
나암, 인디- 하까-입.

❷ 보딩패스! 2.

❿ 짐은 전부 3개입니다.

⓫ 몇 번 게이트입니까?

⓬ 5번 게이트는 어딥니까?

⓭ 7번 게이트를 가르쳐 주시겠습니까?

⓮ 수하물 초과요금이 얼마입니까?

⓯ 탑승 시간은 언제입니까?

⓰ 면세점은 어디에 있습니까?

2. 출국수속!

❿ عندي ثلاث حقائب .

인디- 쌀라-쓰 하까-입.

⓫ هل تعرف رقم المدخل ؟

할 타으리프 라꾸믈 마드칼?

⓬ أين المدخل ٥ .

아이날 마드칼 캄싸?

⓭ هل تعرّفني المدخل ٧ .

할 투아리프니- 알마드칼 싸브아?

⓮ ما هي أجرة الحقائب الزائدة ؟

마- 히야- 우즈라틀 하까-이블 자-이다?

⓯ متى أركب الطائرة ؟

마타- 아르카붓 따-이라?

⓰ أين السوق الحرّة ؟

아이낫 쑤끌 후르라?

탑승 관련 단어

한국어	아랍어	발음
입국관리	هجرة	히즈라
검역	الحجر الصحي	알하즈룻 씨히-
예방주사증명서	بطاقة صفراء	비따-까 싸프라-
세관검사	فحص الجمرك	파흐쓸 주므룩
기내반입수화물	حمّالة الحقائب	함말-라틀 하까-입
분실물취급소	مستودع	무스타으디아
탑승구	باب الركوب	바-블 루쿱-
대합실	صالة الانتظار	쌀-라틀 인티자-르
수하물	الحقائب	알하까-입
수하물	الأمتعة	알암티아
여권검사	فحص جواز السفر	파흐쓰 자와-즛 싸파르
출국카드	بطاقة الخروج	비따-까를 쿠루-즈
입국카드	بطاقة الدخول	비따-까틋 두쿨-
발착일람표	لوحة الجدول	라우하틀 자두왈
비행기편명	رقم الطائرة	라끄뭇 따-이라
출발지	مغادرة من	무가다라 민
도착지	وصول إلى	우쑬- 일라-
탑승절차	فحص الطائرة	파흐숫따-이라
항공사카운터	منضدة الخطوط الجوية	민다다틀 쿠뚜-뚤 자위야
탑승권	بطاقة المرور	비따-까틀 무루-르
탑승권	جواز السفر	자와-즛 싸파르
여권	تذكرة الطائرة	타드키라툿 따-이라
항공권	رسوم المطار	루쑤-믈 마따-르
공항세	بطاقة التبادل	비따-까툿 타바-둘
인환증	رقم المقعد	라끄물 마끄아드
좌석번호		

3. 출발! 기내에서

❶ 기내의 안전수칙!

ⓐ **지정좌석 :** 기내에서는 지정된 좌석에 앉아야 합니다. 짐은 머리 위쪽의 선반에 넣습니다. 안전을 위해 무거운 짐은 다리 아래 놓습니다. 승무원의 지시에 따라 이착륙시에는 좌석에 앉고, 반드시 안전밸트를 착용합니다. 좌석상단의 메시지 램프에는 안전고도에서 정상운행 중일지라도 기류에 따라 경고등이 표시되곤 합니다. 이때 **'No Smoking'**은 '금연'을, **'Fasten Seat Belt'**는 '안전벨트를 매시오.' 라는 뜻입니다.

ⓑ **좌석의 조정 :** 비행기의 좌석은 뒤로 젖힐 수 있게 되어 있어 장거리 여행시에는 뒤로 눕혀 잠을 잘 수도 있습니다. 그러나 이착륙시나 식사 때는 의자를 바로 세워 정위치로 만듭니다. 눕힐 때는 뒷좌석의 손님에게 양해를 구하거나 천천히 젖히는 것이 바람직합니다. 자리가 불편한 경우 승무원에게 부탁하면 다른 자리로 옮길 수 있습니다.

빠르게 찾고 쉽게 말하는 여행회화! 여러분의 여행을 보다 즐겁고 편안하게 만들어 드립니다!!

기내에서의 상식!

ⓒ **안전사항 :** 비행기 멀미를 하시는 분이라면 좌석 앞주머니에 준비되어 있는 구토용 봉지를 사용하시거나, 호출버튼을 눌러 스튜어디스에게 찬음료나 진정제 등을 부탁할 수 있습니다. 그리고 기내 주요 유의사항으로는 비행기 안전운항에 장애가 될 수 있기 때문에 모든 전자제품의 사용을 금하는 것과, 다른 승객에게 불편이 될 수 있기 때문에 기내에서는 금연이라는 것, 그리고 흉기의 기내 반입은 절대 금지되고 있음을 기억해 주십시오.

❷ 기내의 식사!

기내식으로 제공되는 것으로는 식사, 차, 주류 및 청량음료 등이 있습니다. 좌석의 등급별로 식사는 다르게 나오며, 본인이 못 먹는 음식은 피할 수도 있습니다. (채식식단과 육식식단이 함께 준비되기 때문에 선택적으로 주문이 가능합니다.) 기내식은 통상 이륙 후 3~4시간 후에 서비스됩니다.

음료는 식사 때가 아니더라도 필요하면 언제라도 주문이 가능하며, 기내에서는 탄산음료 보다는 물이나 과일 주스류가 좋습니다. 주류는 제한된 양이지만 맥주 한두 캔이나 와인 한두 잔은 무료로 서비스됩니다. 그러나 기내에서의 음주는 기압과 안전을 고려해 평소 주량의 1/3 정도만 드시는 것이 좋습니다.

❸ 기내의 서비스들!

장시간의 비행이 이루어 지는 노선은 비행시간에 따라 한두 편 정도의 최신 영화들이 상영됩니다. 팔걸이에 장치된

3. 출발! -기내에서-

다이얼과 좌석 주머니의 이어폰을 사용하여 영화나 스포츠 방송을 볼 수 있고, 팝송, 컨트리송, 가요, 클래식 등 장르 별로 음악을 즐길 수도 있습니다. 영화나 방송의 내용 그리고 음향이나 채널의 안내는 앞에 비치된 안내책자를 참고하십시오. 그밖에 각국의 신문, 잡지 및 트럼프·바둑 등 오락기구도 구비되어 있어서 필요시엔 승무원에게 요구하시면 됩니다. 이들 오락기구는 대부분 승객들에게 서비스되는 것들로 기념품으로 가져가도 됩니다. (헤드폰과 담요는 반납해야 함)

❹ 기내의 면세쇼핑!

기내에서는 양주, 담배, 향수, 시계, 화장품, 스카프, 완구 등의 기호품과 선물용품들이 면세된 가격으로 판매됩니다. 세계적으로 유명한 제품들이 선정되어 구비되어 있으며, 주문과 배달도 가능합니다. 쇼핑 품목 및 수량은 도착국의 반입 허용량을 고려하시어 구입하십시오. 보통 양주는 1병, 궐련 200개피 정도가 적정 수준이 되겠습니다.

✚ 기내화장실 상식!

기내 화장실은 남녀 공용입니다. 화장실의 현재 사용상태는 벽면의 표시등으로 표시됩니다. 사용중이면 **'Occupied'**, 비어 있을 때는 **'Vacant'**라는 표시등에 불이 켜집니다. 화장실로 들어 갈때는 문을 밀어서 열고, 나올 때는 잡아 당겨서 문을 엽니다. 화장실의 사용법은 일반 수세식변기 사용과 같으며, 사용한 휴지는 쓰레기통에 버려야 합니다. 이착륙시 또는 이상 기류로 기체가 흔들릴 때는 **'Return to seat'**(좌석으로 돌아가라.)라는 표시등이 켜지게 됩니다. 이럴 땐 서둘러 자리로 돌아가도록 합니다. 그리고 화장실도 금연구역이기 때문에 유의해야 합니다.

❶ 기내 입구에서!

❶ 탑승권을 보여 주시겠습니까?

❷ 여기 있습니다.

❸ 손님 좌석은 30-B입니다.

❹ 손님 좌석은 저기 창가 쪽입니다.

❺ 고맙습니다.

❻ 실례합니다. 제 자리는 12-D입니다.

❼ 좌석 12-D는 어디입니까?

❽ 손님 좌석은 저쪽 통로 쪽입니다.

❾ 이 좌석이 어디입니까?

 기내에서는 전자제품의 사용을 삼가시오!

3. 출발! -기내에서-

① هل معك بطاقة المرور؟
할 마아카 비따까틀 무루-르?

② ها هي بطاقة المرور.
하 히야 비따가틀 무루-르.

③ رقم مقعدك B-30.
라꿈 마끄아딕 쌀라씬- 비.

④ مقعدك هناك في المرور.
마끄아닥 후나-카 필 무루-르.

⑤ شكرًا.
슈크란.

⑥ عفوًا، رقم مقعدي D-12.
아프완, 라꿈 마끄아디 이쓰나 아샤라 디.

⑦ أين مقعد D-12؟
아이나 마끄아드 이쓰나 아샤라 디.

⑧ إنه هناك في المرور.
인나후 후나-카 필 무루-르.

⑨ أين هذا المقعد؟
아이나 하-달 마끄아드?

❷ 기내 좌석에서!

❶ 자리 좀 바꾸어 주실 수 있습니까?

❷ 네, 뒤쪽에 빈자리가 많이 있습니다.

❸ 통로쪽 자리였으면 좋겠습니다..

❹ 잠깐 지나가도될까요?

❺ 이 자리에 앉아도 되겠습니까?

❻ 죄송합니다만, 여긴 제자리 같습니다.

❼ 좌석을 제 위치로 해 주십시오.

❽ 의자를 뒤로 젖혀도 되겠습니까?

❾ 이것을 어디에 좀 보관해 주세요.

3. 출발! -기내에서-

❶ اسمح لي بتغيير المقعد ، من فضلك .

이쓰마흐 리 비타그이-를 마끄아드, 민 파들럭.

❷ نعم ، عندنا كثير من المقاعد الفارغة في الخلف .

나암, 인디 카씨-룬 민알 마까-이들 파-리가 필 칼프.

❸ أريد في المرور .

우리-드 필 무루-르.

❹ اسمح لي بالمرور .

이쓰마흐 리 빌무루-르.

❺ هل يمكن أن أجلس هنا ؟

할 윰킨 안 아즐리쓰 후나?

❻ عفوًا ، اعتقد أنك تجلس في مقعدي .

아프완, 아으타끼드 안나카 타즐리쓰 피 마끄아디.

❼ أعد ظهر مقعدك الى مكانه .

아이드 좌흐르 마끄아딕 일라 마카-니히.

❽ هل يمكن أن ينحني مقعدي الى الوراء ؟

할 윰킨 안 얀하니 마끄아드 일랄 와라-아?

❾ احفظ هذا في مكان ما ، من فضلك .

이흐피즈 하-다 피 마카-닌 마, 민 파들럭.

❸ 기내식의 주문!

❶ 닭고기 또는 쇠고기를 드시겠습니까?

❷ 쇠고기요리로 주세요.

❸ 커피와 홍차 중 어떤 것을 드릴까요?

❹ 커피로 주세요.

❺ 크림과 설탕을 넣어 드릴까요?

❻ 아니요, 그냥 마실래요.

❼ 손님, 식사 다 하셨습니까?

❽ 네, 잘 먹었습니다.

❾ 고맙습니다.

3. 출발! -기내에서-

❶ هل تريد أن تأكل الدجاج أو لحم البقر ؟
할 투리-드 안 타으쿨 다자-즈 아우 라흐믈 바까르?

❷ لحم البقر ، من فضلك .
라흐믈 바까르, 민 파들릭.

❸ القهوة أو الشاي ؟
알 까흐와 아웃 샤-이?

❹ القهوة من فضلك .
알 까후와 민 파들릭.

❺ هل تريد القهوة بالحليب والسكر ؟
할 투리-둘 까후와 빌할립- 왓쑤카르?

❻ لا ، سادة فقط .
라, 싸-다 파까뜨

❼ يا أستاذ ، هل أنهيت العشاء ؟
야 우스타-드, 할 안하이탈 아샤-아?

❽ نعم ، هو لذيذ .
나암, 후와 라디-드.

❾ شكرًا .
슈크란.

빠르게 찾고 쉽게 말하는 여행회화! 여러분의 여행을 보다 즐겁고 편안하게 만들어 드립니다!!

④ 기내에서의 쇼핑!

❶ 기내에서 면세품을 팝니까?

❷ 볼펜 있습니까?

❸ 네, 있습니다.

❹ 한 다스에 얼마입니까?

❺ 18달러입니다.

❻ 주스 2병 주세요.

❼ 입담배 있습니까?

❽ 1상자 주세요.

❾ 한국돈으로 지불해도 됩니까?

3. 출발! -기내에서-

❶ هل تباع البضائع المعفاة من الضريبة على الطائرة ؟
할 투바-울 바다-이알 무으파- 민앗 다리-바 알랏 따-이라?

❷ هل عندك قلم ؟
할 인다카 깔람?

❸ نعم، عندي .
나암, 인디.

❹ بكم لدزينة واحدة ؟
비캄 리다지-나 와-히다?

❺ ١٨ (ثمانية عشر) دولارًا ، يا سيّدي .
싸마-니야타 아샤라 둘라-란, 야 싸이디.

❻ اعطني زجاجتين من العصير .
아으띠니 주자-자타인 민알 아씨-르.

❼ هل عندك بعض السجائر ؟
할 인다카 바으둣 싸자-이르?

❽ اعطني علبة واحدة .
아으띠니 울바 와-히다.

❾ هل يمكن أن أدفع بالون الكوري ؟
할 윰킨 안 아드파아 빌 원 코리-?

빠르게 찾고 쉽게 말하는 여행회화! 여러분의 여행을 보다 즐겁고 편안하게 만들어 드립니다!!

❺ 기내에서의 요구!

❶ 몸이 좋지 않습니다.

❷ 두통약 좀 가져다 주시겠습니까?

❸ 네, 타이레놀을 갖다 드리죠.

❹ 마실 것 좀 드릴까요?

❺ 우유 한 잔 주세요.

❻ 마실 것 좀 가져다 주시겠습니까?

❼ 스낵 드시겠어요?

❽ 아니오, 배가 고프질 않군요.

❾ 담요 한 장 좀 가져다 주시겠습니까?

3. 출발! -기내에서-

❶ لا أشعر بالراحة .
라 아슈우루 비라-하.

❷ هل عندك أي دواء للصداع ؟
할 인다카 아이 다와- 릿쑤다-아?

❸ نعم، سأحضرك تايرينول .
나암, 싸우흐디루카 타이레놀.

❹ هل تريد أن تشرب ؟
할 투리-드 안 타슈랍?

❺ زجاجة من الحليب ، من فضلك .
주자-자 민알 할립- , 민 파들릭.

❻ هل أحضر لك مشروبات ؟
할 우흐디루 라카 마슈루바-트?

❼ هل تريد أن تأكل وجبة خفيفة ؟
할 투리-드 안 타으쿨 와즈바 카피-파?

❽ لا شكر . لست جائعًا .
라 슈크르. 라스투 좌-이안.

❾ هل يمكن أن تحضر لي حرامًا ، من فضلك ؟
할 윰킨 안 투흐디르 리 히라-만, 민 파들릭?

❻ 신고서의 작성!

❶ 펜 좀 써도 될까요?

❷ 그럼요. 여기 있습니다.

❸ 제 입국신고서 좀 봐주시겠습니까?

❹ 어떻게 기재하는지 가르쳐 주십시오.

❺ 여기에 무엇을 써야 됩니까?

❻ 입국카드를 한장 더 얻을 수 있을까요?

❼ 제가 좀 틀리게 썼습니다.

3. 출발! -기내에서-

❶ اسمح لي باستخدام قلمك ؟

이쓰마흐 리 비스티크담- 깔라막?

❷ طبعًا. ها هو .

따브안, 하 후와.

❸ افحص لي بطاقة الوصول من فضلك .

이프하쓰 리 비따-까틀 우쑬- 민 파들릭.

❹ عرّفني كيف أملأ هذا النموذج من فضلك.

아르리프니 카이파 아믈라 하-단 나무-다즈 민 파들릭.

❺ هل يمكن أن تعرّفني ماذا أكتب هنا ؟

할 윰킨 안 투아리프니 마-다 아크툽 후나?

❻ هل يمكن أن آخذ بطاقة وصول أخرى؟

할 윰킨 안 아-쿠드 비따-까트 우쑬- 우크라?

❼ عملت بعض الأخطاء .

아밀투 바으들 아크따-아.

빠르게 찾고 쉽게 말하는 여행회화! 여러분의 여행을 보다 즐겁고 편안하게 만들어 드립니다!!

❼ 경유 | 환승할 때!

❶ 이 공항에서 얼마나 체류하게 되나요?

❷ 약 1시간 정도입니다.

❸ 당신은 통과 여객이십니까?

❹ 이 통과용 카드를 함께 갖고 계십시오.

❺ 거기에 면세점이 있습니까?

❻ 면세점은 어디에 있습니까?

❼ 비행기를 갈아 타야 합니다.

❽ 제가 탈 항공편의 확인은 어디에서 합니까?

❾ 공항 1층 대합실에 있는 항공사 카운터에서 하십시오.

3. 출발! -기내에서-

❶ كم نتوقف هنا ؟
캄 나타왓까프 후나?

❷ حوالي ساعة واحدة ، يا سيّدي .
하왈-라이 싸-아 와-히다, 야 싸이디.

❸ هل أنت راكب ترانزيت ، يا سيّدي .
할 안타 라-킵 트랜시트, 야 싸이디.

❹ خذ بطاقة الترانزيت هذه معك .
쿠드 비따-까툿 트랜시트 하-디히 마아카.

❺ هل هناك أي سوق حرة ؟
할 후나-카 아이 쑤-끄 후르라?

❻ أين السوق الحرة ؟
아이낫 쑤-끌 후르라?

❼ عليّ أن آخذ طائرة التوصيل.
알라이야 안 아-쿠크 따-이라툿 타우씰-.

❽ أين أؤكّد طائرتي ؟
아이나 우앗키드 따-이라티?

❾ في منضدة شركة الخطوط الجوية الواقعة في الدور الأوّل من المبنى الرئيسي .
피 민다닷 샤리카틀 쿠뚜-뜰 좌위얄 와-끼아 핏 다우를 아우왈 민알 마브나 라이-씨.

기내용 관련 단어들!

한국어	아랍어	발음
기장	قبطان	꿉딴-
승무원	طاقم	따-낌
여승무원	مضيف	무디-프
남승무원	مضيفة	무디-파
객실	قمرة	까마라
비상구	مخرج الطوارئ	마크라줏 따와-리이
화장실	دورة المياه	다우라틀 미야흐
호출 버튼	زر الطلب	지릇 딸랍
이어폰	سماعة الأذن	쌈마-아틀 우둔
멀미주머니	كيس دوّار الجو	키-스 다우와-를 좌위
구명동의	جاكيت النجاة	자키튼 나좌-
구명동의	صدار النجاة	씨다-린 나좌-
산소마스크	قناع الأكسجين	까나-을 악씨진-
기내선반	رف علوي	리프 울위
독서등	ضوء القراءة	다우을 끼라-아
모포	حرام	히람-
안전벨트착용	تثبيت حزام الأمان	타쓰비-트 히자-밀 아만
금연	ممنوع التدخين	맘누-앗 타드킨-

주요 안내 표현!

한국어	아랍어	발음
비어 있음	فارغ	파리그

3. 출발! -기내에서-

한국어	아랍어	발음
사용중	مشغول	마슈굴-
좌석으로 돌아가시오	ارجع الى المقعد	이르지아 일랄 마끄아드
먹는물 아님	ليس للشرب	라이싸 릿슈릅
문을 잠그시오	الرجاء قفل الباب	아라좌- 까플를 밥-
담배버리지 말것	لا تطرح عقب السيجارة	라 타뜨라하 우끄밧 시좌-라
화장실내 금연	ممنوع التدخين في دورة المياه	맘누-앗 타드킨- 피 다우라틀 미야-
버튼을 누르시오	اضغط على الزر	이드가뜨 알랏 지르
변기물을 내리시오	اضغط ماء دورة المياه	이드가뜨 마아 다우라틀 미야
화장지만 버릴것	فوطة ورقية فقط	푸-뜨 와라끼야 파까뜨
전기면도기 콘센트	مخرج المحلاق	마크라즐 미흘라-끄
비상용 버튼	زر الاتصال	지를 잇티쌀-

빠르게 찾고 쉽게 말하는 여행회화! 여러분의 여행을 보다 즐겁고 편안하게 만들어 드립니다!!

환승 관련 단어들!

한국어	아랍어	발음
통과여객	راكب الترانزيت	라-키븟 트랜시트
통과패스	بطاقة الترانزيت	비따-까툿 트랜시트
통과패스	بطاقة المرور	비따-까틀 무루-르
비행기	طائرة	따-이라
대합실	صالة الانتظار	쌀-라틀 인티자-르
입국카드	بطاقة الوصول	비따-까틀 우쑬-
입국사증	تأشيرة الدخول	타으쉬-라툿 두쿨-
탑승장소	مكان الركوب	마카-눌 루쿱-
목적지	غرض	가라드
시내공항터미널	محطة المدينة	마하따틀 마디-나
환승편	طائرة التوصيل	따-이라툿 타우씰-
국제선	خدمات دولية	카다마-트 두왈리야
국내선	خدمات محلية	카다마-트 마할리야
탑승권	بطاقة الركوب	비따-까툿 루쿱-
항공시간표	جدول مواعيد الطيران	좌드왈 마와이-듯 따야란-
현지시간	توقيت محلي	타우끼-트 마할리
시차	فرق زمني	파르끄 자마니
이륙	إقلاع	이끌라-아
착륙	هبوط	후부-뜨

4. 목적지 도착!

❶ 입국절차 상식!

목적지의 공항에 도착해서 비행기에서 내리면 곧 입국절차를 밟게 됩니다. 입국절차는 출국과 반대의 순으로 진행됩니다. 즉 ⓐ 공항도착, ⓑ 'Arrival' 이라고 표시된 출구로 나갑니다. ⓒ 검역소를 통과합니다. (보통은 생략됨), ⓓ 입국심사, ⓔ 수하물 찾기, ⓕ 세관검사, ⓖ 입국완료의 순으로 진행됩니다. 좀 더 세부적으로 소개하면 다음과 같습니다.

❷ 입국심사!

입국심사는 'Immigration' 또는 'Passport Control'이라고 표시된 곳에 가서 'Foreigner'라고 써있는 곳에 줄을 섭니다. 여행자가 여권, 입국 신고서, 세관 신고서, 귀국용 항공권을

입국심사의 모든 것!

제시하면 심사원은 여권확인과 함께 스탬프를 찍고 입국카드 확인부분을 여권에 넣어 다시 돌려 주는데, 이렇게 하면 입국심사가 완료됩니다. 보통은 입국경유나 체재지, 체재기간 등을 묻지 않으므로 심사절차가 간단하게 마무리 됩니다.

❸ 수하물 찾기!

입국심사를 마치면 '수하물 찾는곳'(**baggage or luggage claim area**)으로 갑니다. 찾을 짐이 많으면 짐수레(**cart**)를 준비해 탁송된 짐이 실려 나오는 콘베이어 앞에서 기다립니다.(비슷한 가방이 많기 때문에 이름을 반드시 확인할 것) 국제공항에는 수하물 찾는 곳이 여러 곳이므로, 본인이 이용했던 항공편 표시등 아래로 찾아 가야만 착오가 없습니다. 수하물이 나오는 시간은 보통 30분 정도 걸리며, 착륙 비행기가 많을 경우에 1시간 넘게 걸리는 때도 있습니다. 자신의 짐이 발견되면 수하물 인환증(**claim tag**)의 번호와 짐 번호를 확인하도록 하며, 만약 짐이 나오지 않을 경우에는 항공사 직원에게 협조를 구하도록 합니다. 분실신고는 화물도착 후 4시간 이내에 해야 합니다.

❹ 세관통관 상식!

짐을 찾으면 마지막 통관문인 세관검사대(**Customs**)로

4. 목적지 도착! -입국심사-

갑니다. 순서가 되기 전에 모든 짐의 자물쇠를 풀어 세관원이 쉽게 열어 볼 수 있도록 준비합니다. 기내에서 작성한 세관 신고서와 여권을 세관원에게 제시하면 이를 토대로 짐을 조사하는데, 주로 검색하는 품목은 과세 대상품입니다. 그러므로 과세 대상품에 속하는 귀금속, 사치품, 고급 카메라 등은 정확하게 신고해야 합니다. 만일 신고를 하지 않거나 신고액이 실제와 다를 경우 법적 제재를 당할 수도 있습니다. 혹시 입국시 과세되는 물품이 있다면 세관창고에 맡겼다가 출국때 찾아가도록 하십시오. 이것을 본드(**Bond**)라고 하는데, 반드시 보관증을 받고 출국 때에는 공항의 항공사 카운터에서 본드 하물이 있음을 알리고 찾아 가십시오. 이렇게 하면 입국을 위한 모든 심사과정이 끝이 납니다.

✚ 도착로비의 이용

세관검사가 끝나면 모든 입국 절차가 끝이 납니다. 그대로 출구를 나오면 거기가 도착 로비가 됩니다. 도착 로비에는 환전소(**Bank Exchange / Change / Cambio / Wechsel** 등의 표지가 붙어 있음)가 있으므로 현지 통화의 현금이 필요한 분은 반드시 여기서 버스비, 택시비에 필요한 현금을 환전하도록 합니다. 도착 로비에는 관광안내소(**Information**), 호텔 예약카운터(**Hotel Reservation**), 렌트카 회사(**Rent a car**), 공중전화(**Pay Phone**)나 자동판매기(**Vending Machine**), 화장실(**Restroom**) 등이 있으므로 이를 이용하실 수 있습니다.

① 입국심사대에서 1.

❶ 입국심사대는 어디에 있습니까?

❷ 여권 좀 보여 주시겠습니까?

❸ 검역증명서도 보여주세요.

❹ 방문 목적은 무엇입니까?

❺ 휴가차 왔습니다. | 사업차 왔습니다.

❻ 여동생을 방문하러 왔습니다.

❼ 이집트 방문이 처음이십니까?

❽ 네, 이번이 처음입니다.

❾ 이집트에 얼마 동안 체류하십니까?

4. 목적지 도착! -입국심사-

❶ أين مركز الهجرة ؟

아이나 마르카즐 히즈라?

❷ هل معك جواز سفرك ؟

할 마아카 좌와-즈 싸파르카?

❸ وشهادة الصحة ؟

와샤하-다툿 씨하?

❹ ما غرض زيارتك ؟

마 가라드 지야-라틱?

❺ للإجازة . للأعمال .

릴이좌-자. 릴아으말-.

❻ أحضر لزيارة أختي .

아흐두르 리지야-라트 우크티.

❼ هل هذه أول زيارة لمصر ؟

할 하-디히 아우왈 지야-라트 리미쓰르?

❽ نعم ، هذه أول زيارة .

나암, 하-디히 아우왈 지야-라.

❾ كم ستقيم في مصر ؟

캄 싸투낌- 피 미쓰르?

빠르게 찾고 쉽게 말하는 여행회화! 여러분의 여행을 보다 즐겁고 편안하게 만들어 드립니다!!

❷ 입국심사대에서 2.

❿ 30일입니다. / 3달 정도입니다.

⓫ 최종 목적지는 어딥니까?

⓬ 카이로입니다.

⓭ 카이로 어디에서 머무르실 겁니까?

⓮ 하이앗트 호텔에 머물 예정입니다.

⓯ 돌아갈 항공권을 갖고 계십니까?

⓰ 여기 있습니다.

4. 목적지 도착! -입국심사-

❿ ثلاثين يوما. / ثلاثة أشهر .

쌀라씬- 야우만./쌀라-싸트 아슈후르.

⓫ ما مقصدك النهائي ؟

마 마끄씨닥 니하-이?

⓬ القاهرة

알까-히라.

⓭ أين ستقيم في القاهرة ؟

아이나 싸투낌- 필 까-히라?

⓮ في فندق هيات .

피 푼두끄 하야트.

⓯ هل عندك تذكرة طائرة إيابا ؟

할 인다카 타드키라트 따-이라 이야-반?

⓰ ها هي .

하 히야.

❸ 수하물 찾기!

❶ 실례합니다만, 수하물 찾는 곳은 어디입니까?

❷ 수하물 찾는 곳은 저쪽입니다.

❸ 갈색가방이 제 것입니다.

❹ 나머지를 찾을 수가 없습니다.

❺ 분실물 신고소는 어디입니까?

❻ 실례합니다만, 제 가방을 찾을 수 없습니다.

❼ 제 짐을 찾을 수 있게 도와주시겠습니까?

❽ 그러죠. 수하물 인환증 가지고 계시죠?

❾ 이것이 저의 수하물 인환증입니다.

4. 목적지 도착! -입국심사-

① اسمح لي ، أين منطقة الحقائب ؟

이쓰마흐 리, 아이나 민따까를 하까-입?

② منطقة الحقائب هناك .

민따까를 하까-입 후나-카.

③ الحقيبة البنية لي .

알하끼-발 분니야 리.

④ لم استطع أن أجد حقيبتي الثانية .

람 아스타띠아 안 아쥐드 하끼-바팃 싸-니야.

⑤ أين المستودع ؟

아이날 무스타우다우?

⑥ لو سمحت ، لم استطع أن أجد حقائبي .

라우 싸마흐타, 람 아스타띠아 안 아쥐드 하까-이비.

⑦ هل تساعدني في العثور عليها ؟

할 투싸-이드니 필 우쑤-르 알라이하?

⑧ طبعا . هل عندك إيصال تأمين الحقائب ؟

따브안. 할 인다카 이쌀- 타으미-닐 하까-입?

⑨ ها هو إيصال الإدعاء

하 후와 이쌀-릴 잇디아-.

④ 세관심사!

❶ 특별히 신고하실 것이 있습니까?

❷ 신고할 것이 없습니다.

❸ 신고할 것이 있습니다.

❹ 친구에게 줄 시계가 있습니다.

❺ 저는 담배 두 갑을 갖고 있습니다.

❻ 이것들은 모두 개인 소지품입니다.

❼ 이 카메라는 내가 사용하는 것입니다.

❽ 이 가방 좀 열어 주시겠습니까?

❾ 이 짐들을 보세창고에 맡겨 주십시오.

4. 목적지 도착! -입국심사-

❶ **هل عندك أي شيء خاص للإبلاغ عنه ؟**
할 인다카 아이 샤이 카-쓰 릴이블라-그 안후?

❷ **لا ، ليس لديّ أي شيء للإبلاغ عنه.**
라. 라이싸 라다이야 아이 사이 릴이블라-그 안후.

❸ **لديّ بعض الأشياء للإبلاغ عنها .**
라다이야 바으들 아슈야- 릴이블라-그 안하.

❹ **لديّ ساعة . وهذا لصديقي .**
라다이야 싸-아. 와하-다 리싸디-끼.

❺ **لديّ علبتان من السجارة.**
라다이야 울바탄- 민앗 씨좌-라.

❻ **هذا كلها أمتعتي الشخصية .**
하-디히 쿨루하 암티아팃 샤크씨야.

❼ **هذا آلة تصوير للاستخدام الشخصي .**
하-디히 알라트 타쓰위-르 릴이스타크다-밋 샤크씨.

❽ **افتح هذه الحقيبة من فضلك .**
이프타하 하-디힐 하끼-바 민 파들릭.

❾ **احفظ هذه الأمتعة في الحجز .**
이흐파즈 하-디힐 암티아 필 하즈즈.

빠르게 찾고 쉽게 말하는 여행회화! 여러분의 여행을 보다 즐겁고 편안하게 만들어 드립니다!!

❺ 공항 여행안내소

❶ 관광안내소는 어디 있습니까?

❷ 유스호스텔이 현재 개장중입니까?

❸ 민박이 있습니까?

❹ 여기서 호텔을 예약하고 싶습니다.

❺ 근처의 괜찮은 호텔을 추천해주시겠습니까?

❻ 여행자를 위한 호텔에 묵고 싶습니다.

❼ 호텔까지 어떻게 갑니까?

❽ 시내로 가는 버스가 있습니까?

❾ 버스 정류장은 어디 있습니까?

4. 목적지 도착! -입국심사-

❶ أين مكتب الاستعلامات السياحية؟

아이나 마크타블 이스티을라마-툿 씨야-히야?

❷ هل تفتح في هذا الفصل بيوت الشباب ؟

할 투프타하 필 하-달 파쓸 부유툿 샤밥-?

❸ هل هناك خدمات غرفة مستأجرة خاصة ؟

할 후나-카 카다마-트 구르파 무스타으자라 카-싸?

❹ أريد أن أحجز غرفة في هذا الفندق .

우리-드 안 아흐주즈 구르파 피 하-달 푼두끄.

❺ هل يمكن أن تقترح فندقا جيدا قريبا من هنا ؟

할 윰킨 안 타끄타리하 푼두깐 좌이단 까리-반 민 후나?

❻ أريد أن أقيم في فندق من الدرجة السياحية .

우리-드 안 우낌- 피 푼두끄 민앗 다라좌툿 씨야-히야.

❼ كيف أصل الى الفندق ؟

카이파 아씰 일랄 푼두끄?

❽ هل هناك حافلة تصل الى المدينة ؟

할 후나-카 하-필라 타씰 일랄 마디-나?

❾ أين أستطيع أن أركب الحافلة ؟

아이나 아스타띠-아 안 아르카블 하-필라?

빠르게 찾고 쉽게 말하는 여행회화! 여러분의 여행을 보다 즐겁고 편안하게 만들어 드립니다!!

입국 관련 단어들!

한국어	아랍어	발음
이민관리	مكتب الهجرة	마크타블 히즈라
여행자	مسافر	무싸-피르
관광	سياحة	씨야-하
사업	أعمال	아으말-
연수	دراسة	디라-싸
회의	مؤتمر	무으타마르
왕복표	تذكرة ذهابا وإيابا	타드키라트 다하-반 와이야-반
유실물신고소	مستودع	무스타우다아
수하물신고	مطالبة الحقائب	무딸-라바틀 하까-입
짐수레	كارة الأمتعة	카-트 암티아
세관직원	مفتّش الجمرك	무파티슈 주무룩
신고하다	أعلن	아을라나
개인소유물	ممتلكات شخصية	뭄탈리카-트 샤크씨야
신변용품	أمتعة شخصية	암티아 샤크씨야
선물	هدية	하디야
약	دواء	다와
반입금지품	شيء ممنوع	샤이 맘누-아
면세품	شيء معفى من الضريبة	샤이 무으파 민앗 다리-바
관세법	رسوم جمركية	루쑴- 주무루키야
식물검사	فحص النباتات	파흐쓴 나바타-트

5. 호텔의 이용!

❶ 숙박시설의 종류!

숙박시설은 보통 저급호텔에서 고급호텔까지의 종류가 있고, 또한 샤워실과 화장실을 공동으로 사용하는 저렴한 숙박시설도 있습니다. 본인의 여행경비에 따라 숙박시설을 정하면 되는데, 보통 외국인은 내국인에 비해 2~3배의 요금을 받습니다. 현지 호텔을 정할 때 가장 중요한 사항은 교통이 편리한지, 시설은 낙후되지 않았는지, 가격은 적당한지가 되겠습니다.

❷ 호텔 객실의 종류!

ⓐ **Single room with bath** (욕실이 있는 1인실)
ⓑ **Double room with bath** (욕실·화장실이 있는 2인실)

빠르게 찾고 쉽게 말하는 여행회화! 여러분의 여행을 보다 즐겁고 편안하게 만들어 드립니다!!

호텔은 이렇게 이용!

ⓒ **Twin-bed room with bath** (침대 둘에 욕실과 화장실)
ⓓ **Triple room** (3인실)
ⓔ **Suite** (침실·거실·응접실 및 화장실이 있는 방)

❸ 체크인!

체크인(**check in** : 숙박절차)은 프론트 데스크에서 합니다. 예약이 되어 있을 경우는 이름을 말하시고 예약확인서(바우처)를 제시하면 직원은 예약리스트(**reservation list**) 또는 예약카드(**reservation card**)를 조회한 후, 숙박신고서 기재를 요구할 것입니다. 숙박신고서에는 보통 이름(**name**), 주소(**address**), 직업(**occupation**), 도착일(**arrival date**), 출발일(**departure date**), 여권번호(**passport number**)등을 기재하게 되어 있습니다.

❹ 호텔의 이용!

로비의 접수부를 프론트 데스크(**front desk**)라고 합니다. 대형 호텔에는 데스크가 세분화 되어 있습니다. **Rooms**(룸즈 = 객실계), **Accounts**(어카운츠 = 회계계), **Inquiry**(인콰이어리 = 안내계) 등. 또는 호텔에 따라 **Registration**(레지스트레이션 = 접수계) 또는 **Reception**(리셉션 = 접수계), **Cashier**(캐쉬어 = 출납계), **Information**(인포메이션 = 안내계) 등으로 나뉘어진 곳도 있습니다.

❺ 체크아웃!

호텔의 숙박료는 하루, 즉 24시간 단위로 받습니다. 통상 정오에서 다음날 정오까지를 일박으로 계산하며, 이때가 이른바 체크아웃 타임(**check-out time**)입니다. 그 이상 호

5. 호텔의 이용!

텔에 머물게 되면 할증요금이나 하루치의 숙박요금을 더 물게 됩니다. 요금을 지불하는 방식으로는 ⓐ 크레디트 카드와 ⓑ 현금으로 지불하는 방법 두 가지가 있습니다. 크레디트 카드로 지불할 경우, 접수원은 카드번호를 체크하고, 카드의 유효상태를 확인 조회할 것입니다. 현금으로 지불할 경우 대부분 보증금을 요구하는데 일반적으로 숙박 일수의 상당액을 요구할 것입니다. 그리고 여행자수표(traveler's check)는 현금과 같이 취급됩니다. 호텔계산서에는 숙박한 일수, 룸서비스를 이용해 드신 것의 요금, 식사대(호텔의 레스토랑 또는 바에서 사인한 청구서 등), 호텔에서 외부에 건 전화요금, 세탁료 등이 계산되는데, 계산액이 정확히 맞는지 다시 한번 확인해 봅니다.

✚ 호텔의 이런 저런 서비스!

호텔에서는 편리한 룸서비스를 받을 수 있습니다. 전화로 교환원에게 **"Room service, please."**(룸서비스를 부탁합니다.)라고 말하면 바로 룸서비스계로 이어집니다. 룸서비스는 식사배달에서 소프트 드링크(**soft drinks**)와 하-드 드링크(**hard drinks**)를 주문할 수 있습니다. 룸서비스를 이용하면 주문한 것의 10% 정도를 룸서비스 차쥐(**Room service charge**)로 지불하며, 룸서비스맨에게는 별도의 팁을 지불해야 합니다. 그밖에 세탁, 수선서비스와 구두를 닦아 달라고 요구할 수도 있습니다. 방청소와 관련해서는 호텔 방문 손잡이에 달려있는 **sign**(사인-팻말)을 'Make up please.' (방청소를 해주시오.) 쪽으로 놓으시면 방청소가 이루어 질 것입니다. 이를 위해 약간의 팁을 테이블 위에 놓고 나가는 것이 좋은데 약 3~5달러 정도 놓으면 무난합니다. 방을 그대로 두고 싶으시면 'Do not disturb.' (깨우지 마시오.) 쪽으로 팻말을 걸고 나가시면 됩니다.

❶ 체크인(예약시)

❶ 제 짐을 안으로 날라다 주세요.

❷ 이 호텔의 프론트 데스크는 어딥니까?

❸ 제 이름은 이영수입니다.

❹ 저는 예약을 했습니다.

❺ 이 숙박신고서를 기재해 주십시오.

❻ 지불은 현금과 카드, 어떻게 하시겠습니까?

❼ 비자카드를 사용하겠습니다.

❽ 현금으로 하겠습니다.

❾ 짐은 이것이 전부이십니까?

5. 호텔의 이용!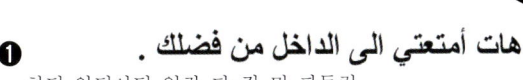

❶ هات أمتعتي الى الداخل من فضلك .

하티 암티아티 일랏 다-킬 민 파들릭.

❷ أين قاعة الاستقبال في هذا الفندق ؟

아이나 까-아틀 이스티끄발- 피 하-달 푼두끄?

❸ اسمي يونغ – سو لي .

이쓰미 영수 리.

❹ لقد حجزت غرفة .

라까드 하자즈투 구르파.

❺ املأ استمارة الحجز من فضلك .

이믈라아 이스티마-라틀 하즈즈 민 파들릭.

❻ هل ستدفع بالنقد أو ببطاقة الائتمان ؟

할 싸타드파아 빈나끄드 아우 비비따-끄틀 이으티만-?

❼ بطاقة ائتمان فيزا .

비따-까트 이으티만- 비자.

❽ بالنقد ، من فضلك .

빈나끄드, 민 파들릭.

❾ هل هذه حقائبك كلها ؟

할 하-디히 하까-이브카 쿨루하?

❷ 체크인(미예약) 1.

❶ 빈방이 있습니까?

❷ 예약은 못 했습니다.

❸ 다른 호텔을 추천해주시겠습니까?

❹ 더블룸으로 드릴까요, 싱글룸으로 드릴까요?

❺ 싱글룸을 부탁합니다.

❻ 일주일 동안 묵을 생각입니다.

❼ 욕실(샤워실)이 있는 방을 원합니다.

❽ 조용한 방으로 주세요.

❾ 전망 좋은 방을 부탁합니다.

5. 호텔의 이용!

❶ هل عندك غرفة ؟

할 인다카 구르파?

❷ لم أحجز غرفة .

람 아흐주즈 구르파.

❸ هل يمكن أن تقترح فندقا آخر ؟

할 윰킨 안 타끄타리하 푼두깐 아-카르?

❹ غرفة بسرير واحد أو بسريرين ؟

구르파 비싸리-르 와-히드 아우 비싸리-라인?

❺ غرفة بسرير واحد ، من فضلك .

구르파 비싸리-르 와-히드, 민 파들릭.

❻ سأقيم لمدة أسبوع .

싸우낌- 리뭇다트 우쓰부-아.

❼ أريد غرفة بحمّام .

우리-드 구르파 비함맘-.

❽ أريد غرفة هادئة .

우리-드 구르파 하-디아.

❾ أريد غرفة مطلة.

우리-드 구르파 뭇띨라.

빠르게 찾고 쉽게 말하는 여행회화! 여러분의 여행을 보다 즐겁고 편안하게 만들어 드립니다!!

❸ 체크인(미예약) 2.

❿ 싸고 깨끗한 방을 부탁합니다.

⓫ 1박에 얼마입니까?

⓬ 아침 식사가 포함되어 있습니까?

⓭ 세금과 봉사료가 포함되어 있습니까?

⓮ 더 싼방은 없습니까?

⓯ 지금 곧 방을 사용할 수 있습니까?

⓰ 체크아웃은 언제입니까?

⓱ 방을 보여 주시겠습니까?

⓲ 이 방으로 하겠습니다.

5. 호텔의 이용!

❿ غرفة رخيصة ونظيفة ، من فضلك .
구르파 라키-싸 와나지-파, 민 파들릭.

⓫ بكم الليلة الواحدة .
비캄 알라일랄 와-히다.

⓬ هل تشمل الفطور ؟
할 타슈말루 푸뚜-르?

⓭ هل تشمل الضريبة والبقشيش ؟
할 타슈말룻 다리-바 왈바끄쉬쉬?

⓮ هل عندك غرفة أرخص ؟
할 인다카 구르파 아르카쓰?

⓯ هل يمكن أن أدخل الغرفة الآن ؟
할 윰킨 안 아드쿨를 구르파 알안-?

⓰ متى وقت الخروج ؟
마타 와끄틀 쿠루-즈?

⓱ لو سمحت أن أرى الغرفة ؟
라우 싸마흐타 안 아랄 구르파.

⓲ آخذ هذه الغرفة .
아-쿠드 하-디힐 구르파.

❹ 객실의 이용!

❶ 냉방장치는 어떻게 조절합니까?

❷ 식당은 몇 시에 엽니까?

❸ 내 방에서 아침식사를 할 수 있습니까?

❹ 비상구는 어디에 있습니까?

❺ 더운 물이 나오지 않습니다.

❻ 잠깐만 기다려주세요.

❼ 비누(수건)가 없습니다.

5. 호텔의 이용!

① كيف تضبط مكيف الهواء هذا ؟

카이파 타드비뜨 무카이플 하와- 하-다?

② متى يفتح المطعم ؟

마타 유프타할 마뜨암?

③ هل يمكن أن أتناول الفطور في غرفتي ؟

할 윰킨 안 아타나-와룰 푸뚜-르 피 구르파티?

④ أين مخرج الطوارئ ؟

아이나 마크라줏 따와-리이?

⑤ لا يجري الماء الحار .

라 야즈릴 마-알 하-르.

⑥ انتظر لحظة .

인타자르 라흐자.

⑦ لا يوجد الصابون والمنشفة .

라 유-좌드 싸분- 왈민샤파.

❺ 룸서비스의 이용

❶ 룸서비스는 어떻게 부릅니까?

❷ 룸서비스 부탁합니다.

❸ 스크램블 에그 두개와 커피를 부탁합니다.

❹ 방 번호를 가르쳐 주십시오.

❺ 여긴 305호실입니다.

❻ 7시 30분에 모닝콜 좀 부탁드릴게요.

❼ 주문한 아침식사가 아직도 오지 않았습니다.

❽ 따끈한 음료수 한 잔 가져다 주세요.

❾ 얼음과 물을 좀 가져다 주십시오.

5. 호텔의 이용!

❶ كيف أطلب خدمة الغرفة ؟

카이파 아뜰룹 키드마틀 구르파?

❷ خدمة الغرفة ، من فضلك .

키드마틀 구르파, 민 파들릭.

❸ أريد البيض المخفوق والقهوة.

우리-드 바이들 마크푸-끄 왈까흐와.

❹ ما رقم غرفة حضرتك ؟

마 라끔 구르파 하드라탁?

❺ أنا في غرفة ٣٠٥ .

아나 피 구르파트 쌀라-싸 아란 캄사.

❻ اطلب اتصال الاستيقاظ في الساعة السابعة والنصف .

아뜰룹 이티쌀-를 이스티까-즈 핏 싸-앗 싸-비아 완니쓰프.

❼ ما زلت أنتظر الفطور الذي طلبته .

마 질투 안타지르 푸뚜-르 알라디 딸랍투후.

❽ هات لي بعض المشروبات الحارة من فضلك .

하티 리 바으들 마슈루바-틀 하-라 민 파들릭.

❾ هات بعض الثلج والماء ، من فضلك .

하트 바으듯 쌀즈 왈마-아, 민 파들릭.

❻ 프론트의 이용 1.

❶ 제 열쇠를 주십시오.

❷ 내 방 자물쇠가 고장났습니다.

❸ 방에 열쇠를 놓아둔 채 문을 닫았습니다.

❹ 방을 바꾸고 싶습니다.

❺ 이 방은 너무 시끄럽습니다.

❻ 귀중품을 맡아 주시겠습니까?

❼ 이 짐을 좀 보관해 주시겠습니까?

❽ 제 짐을 다시 찾고 싶습니다.

❾ 제게 온 편지는 없습니까?

5. 호텔의 이용!

❶ أعطني مفتاحي ، من فضلك .
아으띠니 미프타-하, 민 파들릭.

❷ قفل غرفتي معطل .
까플 구르파티 무앗딸.

❸ قفلت غرفتي ومفتاحي فيها .
까팔투 구르파티 와미프타-하 피-하.

❹ أريد تغيير غرفتي .
우리-드 타그이-르 구르파티.

❺ هذه الغرفة ضجيجة .
하-디힐 구르파 다즤-좌.

❻ هل يمكن أن أضع ممتلكاتي الثمينة معك ؟
할 윰킨 안 아다아 뭄탈리카-팃 싸미-나 마아카?

❼ هل يمكن أن تحفظ هذه الأمتعة لي ؟
할 윰킨 안 타흐피즈 하-디힐 암티아 리?

❽ أريد أن آخذ أمتعتي .
우리-드 안 아-쿠드 암티아티.

❾ هل هناك رسالة لي ؟
할 후나-카 리쌀-라 리?

❼ 프론트의 이용 2.

❿ 제게 남겨진 메모는 없습니까?

⓫ 이 편지를 항공편으로 부쳐 주십시오.

⓬ 식당은 어디에 있습니까?

⓭ 아침식사는 몇 시에 들 수 있습니까?

⓮ 이 호텔의 주소를 알려 주십시오.

⓯ 하루 더 묵고 싶습니다.

⓰ 하루 일찍 떠나고 싶습니다.

5. 호텔의 이용!

❿ هل هناك أي رسالة لي ؟

할 후나-카 아이 리쌀-라 리?

⓫ يرجى إرسال هذه الرسالة بالبريد الجوي .

유르좌- 이르쌀- 하-디힐 리쌀-라 빌바리-들 좌위.

⓬ أين غرفة الطعام ؟

아이나 구르파틋 따암-?

⓭ في أي ساعة أستطيع أن آكل الفطور ؟

피 아이 싸-아 아스타띠-아 안 아-쿨를 푸뚜-르?

⓮ اعطني عنوان هذا الفندق من فضلك .

아으띠니 우누완- 하-달 푼두끄 민 파들릭.

⓯ أريد أن أقيم يوما أكثر .

우리-드 안 우낌- 야우만 아크싸르.

⓰ أريد أن أغادر يوما أسبق .

우리-드 안 우가-디르 야우만 아쓰바끄.

빠르게 찾고 쉽게 말하는 여행회화! 여러분의 여행을 보다 즐겁고 편안하게 만들어 드립니다!!

❽ 호텔식당의 이용

❶ 식당은 몇 층에 있습니까?

❷ 무엇을 주문하시겠습니까?

❸ 아랍식 아침식사 주십시오.

❹ 계란 후라이를 주세요.

❺ 토스트는 너무 딱딱하지 않게 해 주세요.

❻ 물 좀 주시겠습니까?

❼ 카페인 없는 커피 있습니까?

❽ 계산서를 주시겠습니까?

❾ 요금을 숙박비에 포함시켜 주시겠습니까?

5. 호텔의 이용!

① في أي طابق يوجد المطعم ؟

피 아이 따-비끄 유-좌들 마뜨암?

② ماذا تريد أن تطلب ؟

마-다 투리-드 안 타뜰룹?

③ أريد أن آكل فطورا عربيا .

우리-드 안 아-쿨루 푸뚜-란 아라비얀.

④ بيض مقلي من فضلك .

바이드 마끌리 민파들릭.

⑤ لا تعمل التوست رقيقا جدا ، من فضلك .

라 타으말 토스트 라끼-깐 줫단, 민 파들릭.

⑥ اعطني الماء ، من فضلك .

아으띠닐 마-아, 민 파들릭.

⑦ هل عندك القهوة الخالية من الكافيين ؟

할 인다카 까흐왈 칼-리야 민알 카페인?

⑧ أريد كشف الحساب من فضلك .

우리-드 카슈플 히쌉- 민 파들릭.

⑨ هل يمكن أن تضع هذا في فاتورة الفندق ؟

할 윰킨 안 타다아 하-다 피 파투-라틀 푼두끄?

━━━━ 빠르게 찾고 쉽게 말하는 여행회화! 여러분의 여행을 보다 즐겁고 편안하게 만들어 드립니다!! ━━━━

❾ 체크아웃

❶ 내일 아침 일찍 체크아웃하겠습니다.

❷ 오늘밤 안으로 계산서를 준비해 주세요.

❸ 짐을 가지고 내려갈 사람을 보내주세요.

❹ 지금 체크아웃하고 싶습니다.

❺ 숙박비가 어떻게 되죠?

❻ 527호의 김진수입니다.

❼ 여행자수표 받습니까?

❽ 여기 제 방 열쇠입니다.

❾ 제 짐은 내려왔습니까?

5. 호텔의 이용!

❶ سأدفع حساب الفندق مبكرا غدا صباحا .
싸아드파아 히싸-블 푼두끄 무바키란 가단 싸바-한.

❷ هل يمكنك أن تحضّر فاتورتي هذه الليلة ؟
할 윰키누카 안 투핫디르 파투-라티 하-디힐 라일라?

❸ ابعث أحدا لأمتعتي من فضلك .
이브아쓰 아하단 리암티아티 민 파들릭.

❹ لو سمحت ، أريد أن أدفع حساب الفندق الآن .
라우 싸마흐타, 우리-드 안 아드파아 히싸-블 푼두끄 알안-.

❺ كم أدفع لغرفة النوم ؟
캄 아드파아 리구르파틴 나움?

❻ جين سو كيم ، رقم الغرفة ٥٢٧ .
진수 김, 라끄물 구르파 캄싸 이쓰난- 싸브아.

❼ هل تقبل شيكا سياحيا ؟
할 타끄발 쉬-칸 씨야-히얀?

❽ ها هو مفتاح غرفتي .
하 후와 미프타-흐 구르파티.

❾ هل أمتعتي نازلة الى الأسفل ؟
할 암티아티 나-질라 일랄 아쓰팔?

빠르게 찾고 쉽게 말하는 여행회화! 여러분의 여행을 보다 즐겁고 편안하게 만들어 드립니다!!

⑩ 유스호스텔 이용 1.

❶ 유스호스텔로 가는 길 좀 알려주시겠습니까?

❷ 걸어서 얼마나 걸립니까?

❸ 몇 번 버스를 타야합니까?

❹ 여기서 오늘 밤 묵을 수 있습니까?

❺ 오늘 밤 3인용 침대가 있습니까?

❻ 1박에 얼마입니까?

❼ 3일간 머무르고 싶습니다.

❽ 시트를 빌려 주십시오.

❾ 아침식사는 얼마입니까?

5. 호텔의 이용!

❶ هل تدلني على الطريق إلى بيوت الشباب ؟
할 타둘루니 알랏 따리-끄 일라 부유-틸 샤밥-?

❷ كم يستغرق الوقت حتى أصل إلى هناك على الأقدام ؟
캄 야스타그리끌 와끄트 하타 아씰 일라 후나-카 알랄 아끄담-?

❸ أي حافلة أركب ؟
아이 하-필라 아르캅?

❹ هل يمكن أن أقيم ليلة اليوم ؟
할 윰킨 안 우낌- 라일라탈 야움?

❺ هل عندكم ثلاثة أسرّة هذه الليلة ؟
할 인다쿰 쌀라-싸트 아씨르라 하-디힐 라일라?

❻ بكم الليلة الواحدة ؟
비캄일 라일랄 와-히다.

❼ أريد أن أقيم لمدة ثلاثة أيام .
우리-드 안 우낌- 리뭇다트 쌀라-싸트 아얌-.

❽ اعرني غطاء سرير .
아이르니 기따- 싸리-르.

❾ بكم الفطور ؟
비카밀 푸뚜-르?

빠르게 찾고 쉽게 말하는 여행회화! 여러분의 여행을 보다 즐겁고 편안하게 만들어 드립니다!!

⑪ 유스호스텔 이용 2.

❿ 취사를 할 수 있습니까?

⓫ 냄비를 빌려 주십시오.

⓬ 짐을 이곳에 놓아도 됩니까?

⓭ 짐은 어디에 맡기면 됩니까?

⓮ 락카는 어디 있습니까?

⓯ 주의해야 할 사항이 있습니까?

⓰ 시내 지도는 있습니까?

5. 호텔의 이용!

❿ هل يمكن أن أطبخ بنفسي ؟

할 윰킨 안 아뜨바크 비나프씨?

⓫ اعرني حوضا ؟

아이르니 하우단?

⓬ هل يمكن أن أضع حقائبي هنا ؟

할 윰킨 안 아다아 하까-이비 후나?

⓭ أين أضع حقائبي ؟

아이나 아다아 하까-이비.

⓮ أين الخزانة ؟

아이날 카자-나?

⓯ هل هناك أي تنبيهات ؟

할 후나-카 아이 탄비하-트?

⓰ هل عندك خريطة للمدينة ؟

할 인다카 카리-따 릴마디-나?

호텔 관련 단어들!

한국어	아랍어	발음
관광호텔	فندق سياحي	푼두끄 씨야-히
관광지호텔	فندق منتجع	푼두끄 문타지아
프론트데스크	مكتب التسجيل	마크타붓 타쓰질-
숙박신고서	بطاقة التسجيل	비따-까틋 타쓰질-
지배인	مدير	무디-르
회계원	محاسب	무하-씹
손님	ضيف	다이프
손님	زبون	자분-
1인실 1침대	سرير	싸리-르
침대 2개	سريرين	싸리-라인
부부용	غرفة الزوج	구르파틋 좌우즈
전망 좋은 방	غرفة مطلة	구르파 뭇띨라
조용한 방	غرفة هادئة	구르파 하-디아
난방	تدفئة	타드피아
냉난방	تكييف الهواء	타크이-플 하와-
방열쇠	مفتاح الغرفة	미프타-할 구르파
보조열쇠	مفتاح إضافي	미프타-하 이다-피
계산서	فاتورة	파투-라
영수증	إيصال	이쌀-
별도요금	أجرة إضافية	우즈라 이다-피야
귀중품보관소	صندوق الأمان	쑨두-끌 아만-
메세지함	صندوق الرسائل	쑨두-끄 라싸-일

5. 호텔의 이용!

욕실	غرفة الحمّام	구르파틀 함맘-
욕조	حمّام	함맘-
샤워	دش	두슈
비누	صابون	싸분-
목욕타월	منشفة حمّام	민샤파트 함맘-
수건	منشفة	민샤파
핸드타월	منشفة يد	민샤파트 야드
비누수건	منشفة غسيل	민샤파트 가씰-
화장실	دورة مياه	다우라트 미야-
화장실	حمام	함맘-
휴지	ورقة دورة مياه	와라까트 다우라트 미야-
비상구	مخرج طوارئ	마크라즈 따와리이
지하실	تحت الأرض	타흐탈 아르드
복도	ممر	마마르
1층	الطابق الأول	앗따-비끌 아우왈
1층	الطابق الأرضي	앗따-비끌 아르디
2층	الطابق الثاني	앗따-비끗 싸-니
엘리베이터	مصعد	미쓰아드
층계	سلم	쏠람
로비	قاعة الانتظار	카-아틀 인티자-르
행사장	غرفة الاستقبال	구르파틀 이스타끄발-
식당	غرفة الطعام	구프라툿 따암-
커피숍	مقهى	마끄하

빠르게 찾고 쉽게 말하는 여행회화! 여러분의 여행을 보다 즐겁고 편안하게 만들어 드립니다!!

잠깐! 숙소 정보!

✚ 유스호스텔 정보!

유스호스텔(Youth hostel)은 저렴한 숙박비와 깨끗한 시설로 여러 나라를 여행하는 사람에게는 더없이 훌륭한 숙소입니다. (유스호스텔에서는 팁이 없습니다.)
유스호스텔의 이용을 위한 주요규칙으로는 ⓐ 호스텔 내에서는 금주, 금연! ⓑ 시간엄수! (도착은 20:30까지, 출발은 10:00까지, 또 질병이나 날씨가 나쁠 때를 제외하고 10:00~15:00 사이에는 호스텔 안에 체류할 수 없음) ⓒ 같은 호스텔에 3일 이상 숙박불가! 등이 있습니다.
유스호스텔의 소재지, 요금, 개장시간과 휴관일 등을 자세히 수록한 국제유스호스텔핸드북(International Youth Hostel Handbook)을 참고하십시오. (핸드북은 유스호스텔연맹에서 구입하실 수 있습니다.)

✚ 호텔에서의 아침식사!

호텔의 아침식사는 보통 미국식과 유럽식의 두가지로 나눌 수 있습니다. **American breakfast**(어메리칸 브렉훠스트)는 토스트에 커피, 오렌지주스, 소세지나 햄 또는 베이컨 등을 주는 것이며, 유럽식 **Continental breakfast**(컨티넨틀 브렉훠스트)는 빵 한 조각과 커피 한잔만을 제공하는 것을 말합니다. 따라서 아침에도 비교적 식사를 많이 하는 우리 한국사람들에게는 **American breakfast**로 하는 것이 더 나을 것입니다.

6. 식당과 요리!

❶ 아랍의 음식문화!

아랍의 음식문화를 얘기하려면 먼저 그들의 생활 방식이나 기후 조건을 언급하지 않을 수 없습니다. 사막지대나 초원 지대에서 양이나 낙타를 이끌고 유목 생활을 해왔던 민족이라 음식 재료도 풍부하지 않았고 유목 생활로 인해 다른 유럽 국가들처럼 테이블 매너도 발달되지 않아서 이 지역의 음식문화는 음식 자체를 즐기기보다는 여럿이 같이 먹는 것을 즐기는 문화입니다. 따라서 음식의 종류가 많다거나 근사하다기 보다는 간단한 요리를 먹으면서 오랫동안 이야기를 나누며 긴 시간을 식사를 합니다. 그래서 식사 시간은 길지만 결코 요리의 종류가 많은 것은 아닙니다.

주문과 식사법!

❷ 아랍 음식의 특징!

아랍 음식은 다소 기름지긴 하지만 설탕이나 인공조미료 등이 들어가지 않으므로 맛이 아주 부드럽습니다.

아랍 음식에 주로 사용되는 향신료에는 샤프란, 후추, 커민, 걸죽하게 숙성시킨 요구르트와 올리브, 레몬 같은 재료가 있습니다.

기름진 음식의 소화를 돕기 위해서 후식으로는 아주 단 과자와 차를 많이 마십니다.

❸ 이집트 음식의 특징!

이슬람교의 계율에 따라 돼지고기를 먹지 않으므로 닭이나 양을 재료로 한 음식들이 발달했으며, 음주 또한 금지되어 있습니다. 관광객의 경우 호텔이나 레스토랑 등지에서 마실 수 있지만 술에 취해 길거리를 다녀서는 안됩니다. 식수는 수돗물을 마셔도 되지만 일반적으로 미네랄 워터를 사서 마십니다.

6. 식당과 요리

❹ 사우디 아라비아 음식!

사우디 아라비아에서는 이슬람법에 의해 술과 돼지고기를 먹는 것이 금지되어 있습니다. 이곳의 주요 음식은 밥과 양고기 또는 닭고기로 이루어져 있습니다.

사우디 아라비아 전 지역에서 가장 인기 있는 음식은 '캅사'입니다. 캅사는 양고기 캅사와 닭고기 캅사 두 종류가 있는데, 주로 닭고기 캅사를 많이 먹습니다. 이것은 밥과 닭고기로 이루어져 있으며, 캅사의 밥은 우리나라와는 다른 길쭉하고 얇은 쌀로 만듭니다.

사우디 아라비아인들이 즐겨 마시는 음료로는 '샤이'라고 부르는 홍차와 노란색 박하 향기의 차가 있습니다.

또한 손님을 접대할 때에는 아랍 커피인 '까후아'를 준비합니다. 까후아에는 설탕을 넣어 먹지 않으므로, 천연 설탕인 대추야자를 같이 대접합니다. 까후아를 마시는 방법은 까후아 한 모금마다 대추야자를 약간씩 먹으면 됩니다.

후식으로는 신선한 계절과일을 즐깁니다.

빠르게 찾고 쉽게 말하는 여행회화! 여러분의 여행을 보다 즐겁고 편안하게 만들어 드립니다!!

① 식당의 예약!

❶ 거기 예약이 필요합니까?

❷ 오늘 저녁 4인석을 예약할 수 있습니까?

❸ 알겠습니다. 성함을 말씀해 주세요.

❹ 제 이름은 이입니다.

❺ 몇 분이십니까?

❻ 일행이 여섯 명입니다.

❼ 정장 차림을 해야하나요?

6. 식당과 요리

❶ هل نحتاج الى حجز للذهاب الى هناك ؟
할 나흐타-즈 일라 하즈즈 릿다합- 일라 후나카?

❷ أريد أن احجز طاولة لأربعة أفراد .
우리-드 안 아흐주즈 따-윌라 리아르바아트 아프라-드.

❸ طيب . ما اسم حضرتك ؟
따입. 마쓰므 하드라탁?

❹ اسمي لي .
이쓰미 리.

❺ كم عدد الأفراد ، يا أستاذ ؟
캄 아다들 아프라-드 야 우스타-드?

❻ ستة أفراد .
씻타트 아프라-드.

❼ يجب عليّ أن ارتدي بدلة ؟
야쥐브 알라이야 안 아르타디 바들라?

❷ 식당 미예약시!

❶ 안녕하십니까? 몇분이시죠?

❷ 세명입니다.

❸ 잠시 여기 기다려 주십시오.

❹ 창가쪽 좌석으로 해 주세요.

❺ 좌석이 생길 때까지 기다려도 되겠습니까?

❻ 얼마나 기다려야 합니까?

❼ 테이블이 마련되어 있습니다.

6. 식당과 요리

❶ مرحبا بكم . كم عدد الأفراد يا أستاذ ؟
마르하반 비쿰. 캄 아다들 아프라-드 야 우스타-드?

❷ ثلاثة .
쌀라-싸.

❸ انتظر لحظة هنا من فضلك .
인타지르 라흐자 후나 민 파들릭.

❹ نريد أن نجلس قريبا من الشباك .
누리-드 안 나즐리스 까리-반 민앗 슈바-크.

❺ لو سمحت بالانتظار قليلا.
라우 싸마흐티 빌인티자-르 깔릴-란.

❻ كم مدة ننتظر ؟
캄 뭇다 난타지르?

❼ الآن نعد طاولة لكم .
알안- 누잇드 따-윌라 라쿰.

❸ 식사의 주문!

❶ 메뉴를 보여 주십시오.

❷ 이것으로 주세요.

❸ 뭐 추천 할 만한 음식이 있습니까?

❹ 오늘의 특별요리는 무엇입니까?

❺ 나는 바닷가재 요리를 먹겠어요.

❻ 정식을 먹겠습니다.

❼ 가벼운 걸로 하겠습니다.

❽ 스테이크를 어떻게 익혀드릴까요?

❾ 반쯤 익혀주세요.

6. 식당과 요리

❶ دعني أرى قائمة الطعام .
다으니 아라 까-이마툿 따암-.

❷ أريد هذا .
우리-드 하-다.

❸ هل عندك أي اقتراح ؟
할 인다카 아이 이끄티라-하?

❹ ما طبق اليوم الخاص ؟
마 따바끌 야우물 카쓰?

❺ أريد أن آكل جمبري من فضلك .
우리-드 안 아-쿨르 잠바리 민 파들릭.

❻ أريد أن آخذ معي طبق الفندق .
우리-드 안 아-쿠드 마이- 따바끌 푼두끄.

❼ نريد أن نأكل وجبة خفيفة .
누리-드 안 나으쿨 와즈바 카피-파.

❽ كيف تريد أن تأكل اللحم ؟
카이파 투리-드 안 타으쿨를 라흠?

❾ شبه ناضج من فضلك.
쉬브흐 나-디즈 민 파들릭.

④ 주문의 선택 1.

❶ 수프로 주세요.

❷ 샐러드로 주세요.

❸ 어떤 드레싱을 좋아하십니까?

❹ 어떤 종류들이 있는데요?

❺ 싸우전드 아일랜드를 주세요.

❻ 블루치즈로 하겠습니다.

❼ 감자는 어떤 것으로 드시겠어요?

❽ 헤시 브라운으로 주세요.

❾ 구운 감자로 주세요.

6. 식당과 요리

❶ حساء من فضلك.
하싸- 민 파들릭.

❷ سلطة من فضلك.
쌀라따 민 파들릭.

❸ أي نوع من الصلصة تريد ؟
아이 나우아 민앗 쌀싸 투리-드?

❹ أي نوع عندك ؟
아이 나우아 인다카?

❺ ثاوزند ايلاند.
따우전드 아일랜드.

❻ أريد جبنا أزرق.
우리-드 주브난 아즈라끄.

❼ أي نوع من البطاطا تريد ؟
아이 나우아 민알 바따-따 투리-드?

❽ هاش براون من فضلك.
해쉬 브라운 민 파들릭.

❾ بطاطا بالفرن من فضلك.
바따-따 빌 푸른 민 파들릭

❺ 주문의 선택 2.

❿ 디저트는 무엇으로 드시겠습니까?

⓫ 바닐라 아이스크림으로 주세요.

⓬ 홍차로 주세요.

⓭ 맛있게 드세요.

⓮ 더 주문할 것이 있습니까?

⓯ 커피를 더 드시겠어요?

⓰ 네, 부탁합니다.

6. 식당과 요리

⑩ ماذا تريد للحلو؟
마다 투리-드 릴 훌우?

⑪ أريد أيسكريم وانيلية.
우리-드 아이스크림 바닐라.

⑫ أريد فنجان شاي.
우리-드 핀잔- 샤-이.

⑬ تمتع بالعشاء.
타맛타아 빌아-샤

⑭ هل تريد شيئا آخر؟
할 투리-드 샤이안 아-카르?

⑮ هل تريد القهوة أكثر؟
할 투리-들 까흐와 아크싸르?

⑯ نعم، من فضلك.
나암, 민 파들릭.

⑥ 식사시의 표현!

❶ 주문한 요리가 아직 안나왔습니다.

❷ 이것은 내가 주문한 것이 아닙니다.

❸ 이 요리는 어떻게 먹는거죠?

❹ 스푼을 떨어뜨렸습니다.

❺ 소금을 건네주세요.

❻ 물 좀 주세요.

❼ 빵을 조금 더 주세요.

6. 식당과 요리

❶ طلبي ما جاء حتى الآن.

딸라비 마 좌-아 하탈 안-.

❷ اعتقد أن هذا ليس طلبي .

아으타끼드 안 하-다 라이싸 딸라비.

❸ كيف آكل هذا ؟

카이파 아-쿨르 하-다?

❹ سقطت الملعقة .

싸까따틸 밀아까.

❺ اعطني الملح من فضلك .

아으띠닐 밀하 민 파들릭.

❻ ماء من فضلك .

마-아 민 파들릭.

❼ اعطني بعض الخبز من فضلك.

아으띠니 바으들 쿱즈 민 파들릭.

❼ 식당을 찾을 때!

❶ 무엇을 좀 먹고 싶습니다.

❷ 근처에 맛있는 레스토랑이 있습니까?

❸ 이 지방의 명물 요리를 먹고 싶습니다.

❹ 나는 프랑스 요리를 먹고 싶습니다.

❺ 이 근처에 중국 음식점은 없습니까?

❻ 중국 음식점으로 갑시다.

❼ 이 자리에 앉아도 됩니까?

❽ 메뉴를 보여 주십시오.

❾ 영어 메뉴가 있습니까?

6. 식당과 요리

❶ أريد أن آكل شيئا .

우리-드 안 아-쿨르 샤이안.

❷ هل هناك مطعم جيد قريب ؟

할 후나-카 마뜨암 좌이드 까립-?

❸ أريد أن آكل أفضل طبق محلي .

우리-드 안 아-쿨르 아프달 따바끄 마할리.

❹ أريد أن آكل بعض الأطباق الفرنسية .

우리-드 안 아-쿨르 바으들 아뜨바-끌 파란씨야.

❺ هل هناك مطعم صيني قريبا من هنا ؟

할 후나-카 마뜨암 씨-니 까리-반 민 후나?

❻ هيا بنا الى مطعم صيني .

하야 비나 일라 마뜨암 씨-니.

❼ لو سمحت بأن أجلس .

라우 싸마흐타 비안 아즐리쓰.

❽ اعطني قائمة الطعام .

아으띠니 까-이마툿 따암-.

❾ هل هناك قائمة الطعام بالإنجليزية ؟

할 후나-카 까-이마툿 따암- 빌인질리-지야?

❽ 패스트푸드점

❶ 빅맥 햄버거와 콜라 중간 것 하나 주세요.

❷ 샌드위치 하나와 오렌지 쥬스를 주세요.

❸ 토핑은 무엇으로 하시겠습니까?

❹ 멸치만 빼고 다른 건 다 올려주세요.

❺ 후식은 어떤 것을 드릴까요?

❻ 커피로 하겠어요.

❼ 더 주문하실 것은 없으십니까?

❽ 네, 그게 다예요.

❾ 여기서 드실건가요, 가지고 가실건가요?

6. 식당과 요리

❶ بيك مايك وزجاجة كولا متوسطة من فضلك .

빅맥 와주좌-자트 콜라 무타왓씨따 민 파들릭.

❷ سندويتش وعصير برتقال من فضلك .

샌드위치 와아씨-르 부르투깔- 민 파들릭.

❸ ماذا تريد عليه ؟

마-다 투리-드 알라이히?

❹ أريد كل شيء إلا آنشوفة .

우리-드 쿨르 샤이이 일라 안슈-파.

❺ ماذا تريد للحلويات ؟

마-다 투리-드 릴할라와야-트?

❻ أريد القهوة .

우리-들 까흐와.

❼ هل تريد شيئا آخر ؟

할 투리-드 샤이안 아-카르?

❽ نعم . هذا فقط .

나암. 하-다 파까뜨.

❾ هنا أو تأخذه يا أستاذ ؟

후나 타으쿠드후 야 우스타-드.

❾ 식사비의 계산!

❶ 계산서 부탁합니다.

❷ 계산서에 봉사료까지 포함되어 있습니까?

❸ 각자 냅시다.

❹ 내가 지불하겠습니다.

❺ 선불입니까?

❻ 비자카드를 받나요?

❼ 거스롬 돈이 틀립니다.

6. 식당과 요리

❶ أريد كشف الحساب من فضلك .

우리-드 카슈플 히쌉- 민 파들릭.

❷ هل الفاتورة تشمل الخدمة ؟

할일 파투-라 타슈말를 키드마?

❸ هيا ندفع عن كل فرد .

하야 나드파아 안 쿨리 파르드?

❹ هذا على حسابي .

하-다 알라 히싸-비.

❺ أدفع مسبقا ؟

아드파아 무쓰바깐?

❻ هل بطاقة فيزا مقبولة ؟

할 비따-까트 비자 마끄불-라?

❼ الباقي خاطئ .

알 바-끼 카-띠이.

식사 관련 단어들!

◐ 식당 관련 단어표현

식당	مطعم	마뜨암
식사	وجبة	와즈바
주문	طلب	딸랍
메뉴	قائمة طعام	까-이마트 따암-
아침식사	إفطار	이프따-르
점심식사	غداء	가다-
저녁식사	عشاء	아샤-
양식	طبق أوروبي	따바끄 우룹-비
양식	طعام أوروبي	따암- 우룹-비
프랑스요리	طبق فرنسي	따바끄 파란씨-
중국요리	طبق صيني	따바끄 씨-니
향토음식	طبق محلي	따바끄 마할리

◐ 요리 관련 단어표현

식전술	مشهَي	무샤히
전채요리	مقبّل	무깝빌
샐러드	سلطة	쌀라따
수프	حساء	하싸-아

6. 식당과 요리

한국어	아랍어	발음
맑은 수프	مرق اللحم	마라끌 라흠
진한 수프	حساء مكثّف	하싸-아 무캇싸프
주요리	طبق رئيسي	따바끄 라이-씨-
일품요리	بالصحن	빗 싸흔
밥	أرز	우르즈
빵	خبز	쿱즈
흰빵	خبز أبيض	쿱즈 아브야드
롤빵	ملفوف	말푸-프
크라상	كراسنت	크라산트
오트밀	اوتميل	오우트밀
콘프레이크	كورنفلايكس	콘플레이크
육류	لحم	라흠
쇠고기	لحم بقر	라흠 바까르
스테이크	ستايك	스테이크
닭고기	دجاج	다좌-즈
생선	سمك	싸막
양고기	خروف	카루-프
해물요리	طعام بحري	따암- 바흐리
바다가재	لوبستر	랍스터
게	سرطان بحري	싸르딴- 바흐리

빠르게 찾고 쉽게 말하는 여행회화! 여러분의 여행을 보다 즐겁고 편안하게 만들어 드립니다!!

식사 관련 단어들!

작은새우	ربيان	리브얀-
참새우	قريدس	꾸라이디쓰
조개	محار	마하-르
굴	محارة	마하-라

● 디저트 관련 단어표현

디저트	حلوى	할와
푸딩	بودينغ	푸딩
샤베트	شربات	샤르바-트
파이	فطيرة	파띠-라
케익	كعك	카아크
아이스크림	ايسكريم	아이스크림
초컬릿	شوكولاتة	슈쿨라타
커피	قهوة	까흐와
아이리쉬커피	قهوة أيرلندية	까흐와 아이란디야
우유	حليب	할립-
(뜨거운)우유	حليب(حار)	할립- 하-르
코코아	كاكاو	카카우
홍차	شاي	샤-이
레몬수	ليمونا ضة	리모나-다
소다수	ماء الصودا	마아 소다
코카콜라	كوكا كولا	쿠카쿨라

6. 식당과 요리

한국어	아랍어	발음
음료수	مشروبات	마슈루바-트
음료수	مرطبات	무랏띠바-트
과일주스	عصير فاكهة	아씨-르 파-키하
청량음료수	مرطبات خفيفة	무랏띠바-트 카피-파
접시	صحن	싸흔
나이프(칼)	سكينة	씨키-나
포크	شوكة	샤우카
숟가락	ملعقة	밀아까
젓가락	عودان	우단-
냅킨	فوطة	푸-따
이쑤시개	مخلل	킬랄-
재털이	طفاية	띠-파-야

● 기타 식사 관련 단어표현

한국어	아랍어	발음
계산서	فاتورة	파투-라
좌석요금	رسم الخدمة والترفيه	라씀 키드마 와 타르피-히
서비스요금	رسم خدمة	라씀 키드마
팁	بقشيش	바끄쉬-쉬
웨이터	جرسون	좌르순-
웨이트레스	نادلة	나-딜라

⑩ 기타 주문 표현!

❶ 무엇을 드시겠습니까?

❷ 소고기 로스구이를 먹겠습니다.

❸ 맛좋은 생선요리가 있습니까?

❹ 나는 닭요리를 먹겠습니다.

❺ 모두에게 커피 한 잔씩 부탁합니다.

❻ 레몬을 넣은 홍차를 주십시오.

❼ 전기구이 닭요리요.

6. 식당과 요리

❶ ماذا تأكل ؟
마-다 타으쿨?

❷ أحبّ اللحم المشوي .
우힙불 라흐믈 마슈위.

❸ هل عندك سمك لذيذ ؟
할 인다카 싸막 라디-드?

❹ أنا آخذ طبق دجاج .
아나 아-키드 따바끄 다좌-즈.

❺ فنجان قهوة لكل واحد ، من فضلك .
핀잔- 까호와 리쿨리 와-히드, 민 파들릭.

❻ أريد فنجان شاي بالليمون.
우리-드 핀잔- 샤-이 빌라이문-.

❼ دجاج بالفرن.
다좌-즈 빌푸른.

주문 관련 단어들!

한국어	아랍어	발음
오렌지주스	عصير برتقال	아씨-르 부르투깔-
포도주스	عصير عنب	아씨-르 이납
레몬주스	عصير ليمون	아씨-르 라이문-
사과주스	عصير تفاح	아씨-르 투파-하
우유 넣은 홍차	شاي بالحليب	샤-이 빌할립
레몬 넣은 홍차	شاي بالليمون	샤-이 빌라이문-
포도주	نبيذ	나비-드
맥주	بيرة	비-라
냉수	ماء بارد	마-아 바-리드
뜨거운 물	ماء حار	마-아 하-르
식탁	مائدة	마-이다
칼	سكينة	씨키-나
포크	شوكة	샤우카
숟가락	ملعقة	밀아까
대추야자	تمر	타므르
캐밥	كباب	카밥-
쿠샤리	كشري	쿠샤리
따므이야	طمعية	따므이야
쿠프타	كفتة	쿠프타
마으물	معمول	마으물-
바끌라	بقلاوة	바깔라-와
샤야비야	شعابية	샤아-비야
쑤푸프	صفوف	쑤푸-프
카라비쥐	كرابيج	카라비-즈

7. 쇼핑용 회화!

❶ 쇼핑 요령!

  쇼핑은 미리 목록을 작성해서 하는 것이 좋습니다. 산지와 상점가의 위치도 미리 조사해 두도록 합니다. 구매물품에 대한 정보, 그러니까 어느 점포가 싸다든지, 어느 곳에서 좋은 물건을 살 수 있는 지 등에 대해서도 미리 조사를 해 둡니다.

빠르게 찾고 쉽게 말하는 여행회화! 여러분의 여행을 보다 즐겁고 편안하게 만들어 드립니다!!

쇼핑 노하우!!!

❷ 면세점의 이용!

양주, 담배, 향수 등은 공항의 면세점(**Duty Free Store**)에서 사는 것이 경제적입니다. 면세점에서 산 물품은 배송되어 항공기 탑승구에서 받으실 수 있습니다. 시중 면세점에서 물건을 살 때는 여권을 제시해야 하며, 공항 면세점에서는 탑승권을 보여 주어야 합니다.

❸ 부가가치세 환불!

관광객을 많이 유치하기 위해 대부분의 상점들이 외국 여행객에 대해 부가세를 환불해 주거나 면세해줍니다. 이런 혜택을 받기 위해서는 구매 직전 외국 관광객임을 미리 밝히고, 면세신청서를 작성해 점원에게 제출합니다. 이렇게 하면 출국시 환불수속을 거쳐 환불 받을 수 있습니다.

7. 쇼핑용 회화

❹ 유용한 쇼핑법!

가장 권장할 만한 쇼핑법으로 시장이나 주말 공터에서 열리는 벼룩시장이 있습니다. 우리의 장터같은 정겨움을 느낄 수 있고, 값싸게 구매할 수 있다는 것 외에도 지역의 문화가 담겨 있는 진귀한 물건들을 한자리에서 만날 수 있어 더없이 훌륭한 쇼핑장소라고 하겠습니다. 벼룩시장 정보는 여행안내소의 안내지나 지역신문에 날짜가 공고가 되며, 주말에는 길거리에도 전단이 붙어 있어 장소를 쉽게 알 수 있습니다.

✚ 파피루스

이집트의 특산품인 파피루스는 서양 종이의 원조로서 나일강의 습지대에 많이 분포하고 있는 파피루스풀로 만들어 집니다.

✚ 차도르와 헤잡

이슬람교 나라의 여성들에게서 공통적으로 볼 수 있는 것으로서 얼굴과 온 몸을 가리는 검은 천을 차도르라 하고, 얼굴만 가리는 것을 헤잡이라고 합니다. 이슬람 사회에서는 여성들은 가족을 제외한 모든 외간 남자 앞에서 절대로 이것을 벗어서는 안됩니다.

❶ 쇼핑하는 법! 1.

❶ 이 거리에는 상가가 어디쯤 있습니까?

❷ 그냥 아이쇼핑하는 거예요.

❸ 이것과 같은 것이 있습니까?

❹ 저것 좀 보여 주세요.

❺ 이건 뭐 하는데 쓰는 거지요?

❻ 이것은 남성용입니까?

❼ 좀 더 좋은 것은 없습니까?

❽ 입어 봐도 될까요?

❾ 신어 봐도 될까요?

7. 쇼핑용 회화

❶ أين المحل التجاريّ في هذه القرية ؟

아이날 마할룻 티자리 피 하-디힐 까르야?

❷ أرى فقط .

아라 파까뜨.

❸ هل عندك نفس الشيء ؟

할 인다카 나프숫 샤이?

❹ ارني ذلك ، من فضلك .

아리니 달-리카, 민 파들릭.

❺ ما هذا ؟

마 하-다?

❻ هل هذا لرجل ؟

할 하-다 리라즐?

❼ أليس عندك أي شيء أفضل من هذا ؟

아라이싸 인다카 아이 샤이 아프달 민 하다?

❽ لو سمحت بأن أجرّب ؟

라우 싸마으타 비안 우자르립?

❾ لو سمحت بأن أجرّب ؟

라우 싸마으타 비안 우자르립?

❷ 쇼핑하는 법! 2.

❿ 좀 더 큰 것은 없습니까?

⓫ 영업시간은 몇 시부터 몇 시까지입니까?

⓬ 이거 더 적은 사이즈 있습니까?

⓭ 허리 둘레가 너무 꽉 낍니다.(헐렁합니다)

⓮ 기장이 너무 깁니다. (짧습니다)

⓯ 다른 색상은 없나요?

⓰ 어떤 색상이 저에게 더 잘 어울려 보이나요?

7. 쇼핑용 회화

❿ أليس عندك مقاس أكبر ؟

아라이싸 인다카 마까-쓰 아크바르?

⓫ متى يعمل المحل ؟

마타 야으말 마할?

⓬ هل عندك مقاس أصغر ؟

할 인다카 마까-쓰 아쓰가르?

⓭ هذا ضيق (مرتخي) حول الوسط.

하-다 다이끄(무르타키) 하울랄 와싸뜨.

⓮ هذا طويل (قصير) جدا.

하-다 따윌- (까씨-르) 짓단.

⓯ هل عندك لون آخر ؟

할 인다카 라운 아-카르?

⓰ أي لون يناسبني ؟

아이 라운 유나-씨브니?

❸ 물건값을 낼 때!

❶ 좋습니다. 이것으로 주세요.

❷ 전부 합해서 얼마입니까?

❸ 너무 비쌉니다.

❹ 보다 싼 것은 없습니까?

❺ 조금만 더 싸게 해 주시겠어요?

❻ 어떻게 지불하시겠습니까?

❼ 크레디트 카드를 받습니까?

7. 쇼핑용 회화

❶ طيّب . آخذ هذا .
따입. 아-쿠드 하-다.

❷ بكم الكل ؟
비캄일 쿨루?

❸ غالي جدا.
갈-리 줫단.

❹ هل عندك شيء أرخص؟
할 인다카 샤이 아르카쓰?

❺ تسمح لي بتخفيض .
타쓰마하 리 비타크피-드.

❻ كيف تريد أن تدفع لهذا ؟
카이파 투리-드 안 타드파아 리하-다?

❼ هل تقبل بطاقة الإئتمان ؟
할 타끄발 비따-까틀 이으티만-?

❹ 백화점 쇼핑!

❶ 실례합니다.

❷ 면도 후에 바르는 로션은 어디에 있습니까?

❸ 장갑은 어디에서 살 수 있습니까?

❹ 이 두 개의 차이점이 뭔가요?

❺ 이것 두 개의 가격은 얼마입니까?

❻ 이것은 40불이고 저것은 30불입니다.

❼ 이 제품 흰색으로 있습니까?

❽ 탈의실은 어디입니까?

❾ 다른 것을 보여주실 수 있습니까?

7. 쇼핑용 회화

❶ لو سمحت .

라우 싸마으타.

❷ أين آخذ لوشن بعد الحلاقة ؟

아이나 아-쿠드 로-션 바으달 할라-까?

❸ أين اشتري قفازين ؟

아이나 아슈타리- 꾸파-자인?

❹ ما الفرق بينهما ؟

말 파르끄 바이나후마?

❺ بكم هذا وهذا ؟

비캄 하-다 와하-다?

❻ هذا ٤٠ دولارا وذلك ٣٠ دولارا.

하-다 아르바인- 둘라-란 와달-리카 쌀라-씬- 둘라-란.

❼ هل عندك هذا من لون أبيض ؟

할 인다카 하-다 민 라운 아브야드?

❽ أين غرفة القياس ؟

아이나 구르파틀 끼야-쓰?

❾ هل يمكني أن أرى الآخر ؟

할 윰키누니 안 아랄 아-카르?

❺ 면세점 쇼핑!

❶ 면세점은 어디에 있습니까?

❷ 브랜디를 사고 싶습니다.

❸ 말보로 한 갑 주세요.

❹ 여권을 보여 주십시오.

❺ 어떤 상표를 원하십니까?

❻ 얼마까지 면세입니까?

❼ 이것과 저것을 하나씩 주십시오.

7. 쇼핑용 회화

❶ أين السوق الحرة ؟
아이낫 쑤-끌 후르라?

❷ أريد أن أشتري براندي .
우리-드 안 아슈타리- 브랜디.

❸ اعطني علبة سجائر مارلبورو من فضلك .
아으띠니 울바트 싸좌-이르 말보로 민 파들릭.

❹ أرني جواز السفر .
아리니 좌와-즛 싸파르.

❺ أي علامة تريد ؟
아이 알라-마 투리-드?

❻ كم اسمح ؟
캄 아쓰마하?

❼ واحد من هذا وواحد من ذلك .
와-히다 민 하-다 와와-히드 민 달-리카.

❻ 기념품점 쇼핑!

❶ 어디에 좋은 기념품점이 있습니까?

❷ 뭐 특별히 찾고 계신 것 있으십니까?

❸ 부모님께 드릴 기념품을 원합니다.

❹ 이 도시의 특산품은 무엇입니까?

❺ 윈도우에 있는 것을 보여 주세요.

❻ 선물포장으로 해주시겠습니까?

❼ 한국으로 부쳐주실 수 있습니까?

7. 쇼핑용 회화

❶ أين أجد محل تحف الذكرى ؟
아이나 아쥐드 마할 투하픗 디크라-?

❷ هل تبحث عن شيء خاص ؟
할 타브하쓰 안 샤이 카-쓰?

❸ أريد بعض التحف لوالديّ .
우리-드 바으듯 투하프 리왈-리디.

❹ ماهي المنتجات الخاصة في هذه القرية ؟
마 히얄 문타자-틀 카-싸 피 하-디힐 까르야?

❺ أرني المعروض في الشباك ؟
아리닐 마으루-드 핏 슈바-크.

❻ لو سمحت بتغليف هذا للهدية .
라우 싸마흐타 비타글리-프 하-다 릴하디야.

❼ هل يمكنك أن تشحنه الى كوريا ؟
할 윰키누카 안 타슈하느후 일라 코리야?

❼ 슈퍼마켓 쇼핑!

❶ 실례합니다. 커피를 찾고 있습니다.

❷ 어디에 있는지 말씀해 주시겠어요?

❸ 우유는 어디에 있습니까?

❹ 그 물건은 다 떨어졌습니다.

❺ (쇼핑)백에 넣어주시겠어요?

❻ 종이 백을 드릴까요, 비닐 백을 드릴까요?

❼ 영수증을 주시겠어요?

7. 쇼핑용 회화

❶ لو سمحت ، ابحث عن قهوة .
라우 싸마흐타, 아브하쓰 안 까흐와.

❷ قل لي أين توجد ؟
꿀 리 아이나 투-좌드?

❸ أين أجد حليبا ؟
아이나 아쥐드 할리-반.

❹ ليس لدينا بضائع.
라이싸 라다이나 바다-이아.

❺ ضعه في كيس من فضلك .
다아후 피 키-스 민 파들릭.

❻ كيس ورقي أو بلاستيكي ؟
키-스 와라끼 아우 플라스티-키?

❼ اعطني الإيصال .
아으띠닐 이쌀-.

쇼핑 관련 단어들!

한국어	아랍어	발음
영업중	مفتوح	마프투-하
폐점	مغلق	무글라끄
쇼핑몰	محل	마할
기념품점	محل تحف الذكرى	마할 투하픗 디크라-
선물가게	محل هدايا	마할 하다-야
민예품점	محل خزفيات فولكلورية	마할 카자피야-트 폴크로리야
백화점	محل كبير	마할 카비르
바겐세일	تنزيلات	탄질라-트
가격표	ذيل سعر	다일 씨으르
견본	عينة	아이나
할인	تخفيض	타크피-드
교환	تبديل	타브딜-
설명서	تعليمات المالك	타을리마-틀 말-리크
선물	هدية	하디야
선물	تغليف	타글리-프
포장하다	عامل	아-밀
점원	بائع	바-이으
남자점원	بائعة	바-이아
여자점원	شيك سياحي	쉬-크 씨야-히
여행자수표	بطاقة ائتمان	비따-까트 이으티만-
크레디트카드		

8. 우편, 전화, 은행!

1) 우체국!

❶ 우체국의 이용!

여행중에 고국으로 보내는 엽서나 편지는 남다른 기쁨을 줍니다. 호텔에 숙박 중이라면 방에 비치되어 있는 편지지와 봉투를 이용해서 호텔프론트에 맡기면 됩니다.(후불정산) 우체국에 가면 편지는 물론 소포를 보낼 수 있도록 박스와 소포지, 끈 등이 모두 준비되어 있습니다. 우표는 우체국 외에 호텔의 로비, 약국, 터미널에 설치되어 있는 자동판매기를 이용해 살 수도 있습니다.

빠르게 찾고 쉽게 말하는 여행회화! 여러분의 여행을 보다 즐겁고 편안하게 만들어 드립니다!!

우체국과 국제전화!

❷ 우편물 보내기!

편지봉투를 쓰는 법 : 편지봉투를 4분할 했을 때 좌측 상단은 보내는 사람주소, 우측 하단은 받는 사람의 주소를 씁니다. 우편물의 받는 사람 주소는 어느 나라 말로 써도 상관없지만 국가명만은 반드시 영어로 기입합니다. 즉 서울의 집주소를 한글로 써도 상관없지만 국가명만은 우측 제일 하단에 '**SOUTH KOREA**'라고 써주어야 한다는 것입니다. 그리고 우측 상단은 우표를 붙여야 하니까 비워 두고, 좌측 하단은 배달방식 그러니까 항공우편일 경우는 '**AIR MAIL**' 또는 '**PAR AVION**'이라고 쓰거나 스티커를 붙이게 되고, 선편일 경우는 '**SEA MAIL**'이라고 표기합니다. 우체통의 모양과 색은 나라에 따라 다릅니다. 그리고 기타 속달, 등기, 소포는 직접 가서 우체국 창구를 이용해야 합니다. 우편물을 빨리 보내려면 EMS로 보내면 됩니다.

2) 국제전화!

❶ 국제전화 걸기!

시차 때문에 너무 늦은 시간이나 너무 일찍 전화하게 되는 경우가 있으므로 국제전화를 걸 때는 먼저 해당국의 시차를 반드시 미리 고려해야 합니다.

8. 우편, 전화, 은행!

그리고 국제전화를 신청할 때는 반드시 상대방 전화번호, 도시명, 이름 등을 메모한 후, 교환원과 연결이 되면 통화하실 종류를 분명하게 교환원에게 밝히고, 전화번호는 한 자씩 끊어 천천히 불러줍니다.

이집트에서 우리나라로 전화를 걸 때에는 카이로, 알렉산드리아, 베나, 알마할라, 알만수라, 탄타 등지의 주요 호텔에서만 국제 자동 전화가 가능합니다.

❷ 국제전화 카드!

여행전에 한국에서 미리 전화카드를 준비하거나 휴대폰 로밍써비스를 신청하는 방법도 있습니다. 선불카드의 장점은 우선 저렴하고, 한국어 안내방송을 들을 수 있다는 것 등입니다. 사용방법은 콜렉트콜처럼 국가별 접속번호를 누른 후 안내방송에 따라 카드번호, 비밀번호, 상대방 전화번호를 차례로 누르면 됩니다. 주요 통신사의 카드로는 한국통신 KT카드 (080-2580-161), 데이콤 콜링카드 (082-100), 온세통신 후불카드(083-100) 등이 있으며, 신청 즉시 카드번호를 발부 받을 수 있습니다.

빠르게 찾고 쉽게 말하는 여행회화! 여러분의 여행을 보다 즐겁고 편안하게 만들어 드립니다!!

은행의 이용!

3) 은행의 이용!

❶ 현지에서의 환전!

해당 여행국가에서의 환전은 제일 먼저 도착 공항이나 큰 규모의 중앙역에서 가능하며, 주요 대도시의 시내에서는 한국 국적의 은행들이 많이 있기 때문에 이곳을 이용하시면 됩니다. 대형 백화점이나 면세점에도 환전소가 있기 때문에 환전에는 크게 어려움이 없습니다. 그러나 호텔이나 고급상점들에서의 환전은 10% 정도 더 손해를 봅니다.

❷ 은행의 업무시간!

은행의 영업시간은 나라와 지역에 따라 차이가 있는데, 나라마다 은행 업무를 보지 않는 시간과 요일이 다르므로 미리 확인해 두도록 합니다. 또한 가까운 곳에서 은행을 찾을 수 없다면 공항이나 역내 환전소를 찾아 가십시오. 이곳은 대부분 24시간 환전업무를 보고있습니다.

8. 우편, 전화, 은행!

❸ 신용카드

현금 외에도 비상시에 사용할 수 있도록 신용카드를 준비해 가는 것이 좋습니다. 신용카드의 장점은 현금을 많이 지니고 다니지 않아도 된다는 것과 고가품을 구입할 때 일시에 부담하지 않아도 된다는 점들을 들 수 있습니다. 해외에서 통용되는 대표적인 신용카드사로는 **Master Card, American Express Card, Diners Club Card, Visa Card** 등이 있습니다. 그러나 상점에 따라 통용되지 않는 카드도 있기 때문에 가장 일반적인 것으로 두 장 정도 준비하는 것이 좋습니다. 신용카드의 해외 사용 한도액은 카드 종류에 따라 다르며 사용한 대금은 2개월 이내에 원화로 갚습니다. 분실에 대비해 카드번호를 따로 기록해 두는 것도 필요합니다.

✚ 전압

이집트 : 주로 220V를 사용하며 일류호텔에는 110V 콘센트를 갖춘 경우도 많습니다.

사우디 아라비아 : 110V, 120V, 220V가 모두 쓰입니다.

① 우편물 보내기!

❶ 우체국은 어디 있습니까?

❷ 우체통은 어디 있습니까?

❸ 편지를 한국에 항공편으로 보내려 합니다.

❹ 이 그림엽서를 한국으로 보내고 싶습니다.

❺ 항공편으로 부치면 얼마나 걸립니까?

❻ 얼마치의 우표를 붙여야 합니까?

❼ 우편요금은 얼마입니까?

❽ 엽서에 붙이는 항공편 스티커를 주십시오.

❾ 이 편지를 등기로 보내고 싶습니다.

8. 우편, 전화, 은행!

❶ أين مكتب البريد ؟

아이나 마크타블 바리-드?

❷ أين صندوق البريد ؟

아이나 쑨두-끌 바리-드?

❸ أريد أن أرسل هذا الخطاب الى كوريا بالبريد الجوي .

우리-드 안 우르씰 하-달 키땁- 일라 코리야 빌바리-들 좌위.

❹ أريد أن أرسل هذه البطاقات الى كوريا .

우리-드 안 우르씰 하-디힐 비따까-트 일라 코리야.

❺ كم يكلف بالبريد الجوي ؟

캄 유칼리프 빌바리-들 좌위?

❻ كم تكلفني الطوابع ؟

캄 투칼리프니 따와-비아?

❼ كم يكلفني البريد ؟

캄 유칼리프니 바리드?

❽ أعطني لاصقة البريد الجوي لهذه البطاقات .

아으띠니- 라-씨까틀 바리-들 좌위 리하-디힐 비따-까트.

❾ أريد أن أرسل بالبريد المسجّل .

우리-드 안 우르실 빌바리-들 무쌍질

❷ 소포 보내기!

❶ 이 소포를 보내고 싶습니다.

❷ 소포용 상자가 있습니까?

❸ 소포용으로 포장해 주세요.

❹ 이 소포를 선편으로 부치려 합니다.

❺ 소포 12개를 프랑스로 보내고 싶습니다.

❻ 소포를 보험에 드시겠습니까?

❼ 만일의 경우에 대비해서 보험에 들겠습니다.

8. 우편, 전화, 은행!

❶ أريد أن أرسل هذا الطرد .

우리-드 안 우루씰 하-닷 따르드.

❷ هل عندك صناديق للطرود ؟

할 인다카 싸나디-끄 릿뚜루-드?

❸ غلف هذا لطرد من فضلك .

갈리프 하-다 리따르드 민파들릭.

❹ أريد أن أرسل هذا الطرد بالبحر .

우리-드 안 우르씰 하-닷 따르드 빌바흐르.

❺ أريد أن أرسل ١٢ طردا الى فرنسا .

우리-드 안 우르씰 이쓰나 아샤라 따르단 일라 파란싸.

❻ هل تريد أن تؤمن الطرد ؟

할 투리드 안 투암미눗 따르드?

❼ أريد تأمين هذا الطرد في حالة .

우리-드 타으민- 하-닷 따르드 피 할-라.

❸ 공중전화 걸기!

❶ 공중전화는 어디에 있습니까?

❷ 전화카드는 어디에서 살 수 있습니까?

❸ 이 전화로 국제전화를 걸 수 있습니까?

❹ 이 전화의 사용법을 가르쳐주시겠습니까?

❺ 한국의 국가번호를 가르쳐주시겠습니까?

❻ 이 번호로 전화하는 법을 가르쳐 주십시오.

❼ 도서관은 몇 번으로 전화해야 합니까?

8. 우편, 전화, 은행!

❶ أين الهاتف العمومي ؟
아이날 하티플 우무-미?

❷ أين اشتري بطاقة هاتف ؟
아이나 아슈타리 비따-까트 하티프?

❸ هل أستطيع أن أعمل مكالمة دولية من هذا الهاتف ؟
할 아스타띠-아 안 아으말 무칼-라마 두왈리야 민 하-달 하티프?

❹ هل تعرّفني كيف استخدم هذا الهاتف ؟
할 투아리프니 카이파 아스타크딤 하-달 하티프?

❺ هل تعرّفني رمز الهاتف الدولي لكوريا ؟
할 투아리프니 람즐 하-티풋 두왈리 리쿠리야?

❻ قل لي كيف اتصل بهذا الرقم من فضلك .
꿀 리 카이파 앗타씰 비하-다 라끔 민 파들릭.

❼ ما رقم هاتف المكتبة ؟
마 라끔 하-티플 마크타바?

❹ 전화대화 표현!

❶ 여보세요. 거기가 123-4567입니까?

❷ 전화거신 분은 누구십니까?

❸ 저는 아흐마드입니다.

❹ 내선 351번 부탁합니다.

❺ 수지 좀 바꿔 주시겠어요?

❻ 수지는 여기 없습니다.

❼ 미안합니다. 잘못 걸었습니다.

❽ 그(그녀)는 지금 외출중입니다.

❾ 언제쯤 돌아옵니까?

8. 우편, 전화, 은행!

① ألو ، هل هناك ١٢٣-٤٥٦٧ ؟
알루, 할 후나카 와-히드 싸-니 쌀라-싸?

② من يتكلم ، من فضلك ؟
만 야타칼람, 민 파들릭?

③ يتكلّم أحمد .
야타칼람 아흐마드.

④ حوّل ثلاثة وخمسة وواحد ، من فضلك .
하윌 쌀라-싸 캄싸 와-히드, 민 파들릭.

⑤ أريد أن أتكلم مع سوجي .
우리-드 안 아타칼람 마아 수지.

⑥ هي غير موجودة .
히야 가이르 마우주-다.

⑦ آسف . عملت رقم خاطئ .
아-씨프. 아밀타 라끔 카띠이.

⑧ هو خارج البيت .
후와 카-리쫠 바이트.

⑨ متى يرجع ؟
마타 야르지아?

❺ 국제전화 걸기! 1.

❶ 교환입니다. 무엇을 도와드릴까요?

❷ 한국의 서울로 국제통화를 하고 싶습니다.

❸ 잠깐만 기다리세요.

❹ 국제전화 교환원을 연결해 드리겠습니다.

❺ 한국의 서울로 직접 전화할 수 있습니까?

❻ 한국으로 국제전화를 걸고 싶습니다.

❼ 수신자부담으로 해주세요.

❽ 요금은 여기서 지불하겠습니다.

❾ 번호를 알려주시겠습니까?

8. 우편, 전화, 은행!

❶ هنا محوّلة . أي خدمة ؟
후나 무하윌라. 아이 키드마?

❷ أريد مكالمة دولية الى سيول ، كوريا .
우리-드 무칼-라마 두왈리야 일라 서울. 코리아.

❸ دقيقة واحدة ، من فضلك .
다끼-까 와-히다, 민 파들릭.

❹ أوصّلك الى محوّلة دولية .
우왓씰루카 일라 무하윌라 두왈리야.

❺ هل أستطيع مكالمة دولية الى سيول ، كوريا مباشرا ؟
할 아스타띠-아 무칼-라마 두왈리야 일라 서울, 코리아 무바-쉬란?

❻ أريد مكالمة دولية الى كوريا .
우리-드 무칼-라마 두왈리야 일라 코리아.

❼ مكالمة كوليتكول من فضلك .
무칼-라마트 컬렉트컬 민 파들릭.

❽ سأدفعه هنا .
싸아드파아후 후나.

❾ ما الرقم ، من فضلك؟
마- 라끔, 민 파들릭?

❻ 국제전화 걸기! 2.

❿ 전화번호는 82-2-513-7612입니다.

⓫ 성함과 번호를 말씀해 주십시오.

⓬ 제 이름은 김민수입니다.

⓭ 전화번호는 923-5079입니다.

⓮ 김미진 양과 통화하고 싶습니다.

⓯ 전화를 받는 사람은 아무라도 상관없습니다.

⓰ 신청하신 곳이 나왔습니다. 말씀하십시오.

8. 우편, 전화, 은행!

⓿ الرقم ٧٦١٢ـ٥١٣ـ٢ـ٨٢ .
아라끔 싸마-니야 이쓰난- 이쓰난- 캄싸 와-히드
쌀라-싸 싸브아 씻타 와-히드 이쓰난.

⓫ اسم حضرتك والرقم ، من فضلك .
이씀 하드라탁 와라끔, 민 파들릭.

⓬ اسمي مينسو كيم .
이쓰미 민수 김.

⓭ الرقم ٥٠٧٩ـ٩٢٣ .
아라끔 티쓰아 이쓰난- 쌀라-싸 캄싸 씨프르 싸브아 티쓰아.

⓮ أريد أن أتحدّث مع الآنسة ميجين كيم .
우리-드 안 아타핫다쓰 마알 아-니싸 미진 김.

⓯ أي شخص يجيب لا يهمّني .
아이 샤크쓰 유쥐-브 라 유힘무니.

⓰ طرفك موصول . تفضّل .
따르프카 마으쑬-. 타팟달.

❼ 호텔에서의 전화!

❶ 여보세요, 교환이죠?

❷ 한국으로 장거리전화를 부탁합니다.

❸ 전화번호를 말씀해 주십시요.

❹ 콜렉트콜로 서울의 이은숙 양을 부탁합니다.

❺ 전화번호는 서울의 919-2828번 입니다.

❻ 선생님의 성함과 룸넘버를 말씀해 주세요.

❼ 저의 이름은 김민수이며 303호실입니다.

❽ 끊지말고 잠시 기다려 주세요.

❾ 알았습니다.

8. 우편, 전화, 은행!

❶ ألو ، هل أنت محوّلة ؟
알루, 할 안티 무하윌라?

❷ مكالمة مسافة طويلة الى كوريا ، من فضلك .
무칼-라마트 마싸-파 따윌-라 일라 코리아, 민 파들릭.

❸ رقم الهاتف ، من فضلك .
라끄믈 하티프, 민 파들릭.

❹ مكالمة كوليكتكول الى يونسوك لي في سيول .
무칼-라마트 컬렉트컬 일라 은숙 리 피 서울.

❺ الرقم ۲۸۲۸-۹۱۹ في سيول .
아라끔 티쓰아 와-히드 티쓰아 이쓰난- 싸마-니야
이쓰난- 싸마-니야 피 서울.

❻ اسم ورقم حضرتك ، من فضلك .
이씀 와라끔 하드라탁, 민 파들릭.

❼ مينسو كيم ورقم الغرفة ۳۰۳ .
민수 김, 라끄믈 구르파 쌀라-싸 씨프르 쌀라-싸.

❽ انتظر بدون وضع السماعة ، من فضلك .
인타지르 비두-니 와드앗 쌈마-아, 민 파들릭.

❾ طيّب .
따입.

우편|전화 관련 단어!

● 우편 관련 단어표현

한국어	아랍어	발음
우체국	مكتب البريد	마크타블 바리-드
그림엽서	بطاقة مصوَرة	비따-까 무싸와라
우편엽서	بطاقة بريد	비따-카트 바리드
항공봉함엽서	رسالة جوية	리쌀-라 좌위야
편지지	ورقة رسالة	와라까 리쌀-라
봉투	ظرف	자르프
발신인	مرسل	무르씰
수신인	مرسل اليه	무르쌀 일라이히
주소	عنوان	우느완-
우체통	صندوق بريد	쑨두-끄 바리드
등기우편	بريد مسجّل	바리-드 무쌓잘
속달	مستعجل	무스타으잘
속달	خاص	카-쓰
우표	طابع بريدي	따-비아 바리-디
항공편	بريد جوي	바리-드 좌위
선편	بريد بحري	바리-드 바흐리
항공우편	بالبريد الجوي	빌바리-들 좌위
소포	طرد	따르드
취급주의	تناول بعناية	타나-왈 비이나-야

8. 우편, 전화, 은행!

● 전화 관련 단어표현

한국어	아랍어	발음
공중전화	هاتف عمومي	하-티프 우무-미
공중전화	هاتف بالدفع	하-티프 빗다프아
전화박스	حجيرة للهاتف	후자이라 릴하-티프
수화기	سماعة	쌈마-아
전화번호	رقم هاتف	라끔 하-티프
다이얼	قرص	꾸르쓰
구내전화선	رقم تحويل	라끔 타흐윌-
번호안내	استعلامات	이스티을라마-트
보통통화	مكالمة عادية	무칼-라마 아-디야
긴급전화	مكالمة طارئة	무칼-라마 따-리아
시내통화	مكالمة محلية	무칼-라마 마할리야
장거리통화	مكالمة خارجية	무칼-라마 카-리지야
국제전화	مكالمة دولية	무칼-라마 두왈리야
교환원	محوّلة	무하월라
국가번호	رمز الدولة	람즛 다울라
지역번호	رمز المنطقة	람즐 민따까
콜렉트콜	مكالمة كوليتكول	무칼-라마 컬렉트컬
지명통화	مكالمة فرد لفرد	무칼-라마 파르드 리파르드

❽ 은행의 이용!

❶ 여행자수표를 현금으로 바꾸고 싶습니다.

❷ 얼마나 현금으로 바꾸시겠습니까?

❸ 500불입니다.

❹ 여권 좀 보여주시겠습니까?

❺ 네, 여기 여행자 수표도 있습니다.

❻ 수표마다 서명해주시겠어요?

❼ 몇 달러짜리 지폐로 드릴까요?

8. 우편, 전화, 은행!

❶ أريد تحويل شيك سياحي إلى النقد .

우리-드 타흐윌 쉬-크 씨야-히 일란 나끄드.

❷ كم تريد التحويل ؟

캄 투리-듯 타흐윌?

❸ خمسمائة دولار ، من فضلك .

캄싸미아 둘라-르, 민 파들릭.

❹ هل معك جواز السفر ؟

할 마아카 좌아줏 싸파르?

❺ نعم ، ها هو الشيك السياحي .

나암, 하 후왓 쉬크웃 씨야-히.

❻ وقع في ظهر كلّ شيك ، من فضلك .

와끼아 피 자흐르 꿀르 쉬-크, 민 파들릭.

❼ هل تريد ورقة نقد كبيرة أو صغيرة ؟

할 투리-드 와라까트 나끄드 카비-라 아우 싸기-라?

❾ 잔돈 바꾸기!

❶ 잔돈 좀 바꾸고 싶습니다.

❷ 이 지폐를 좀 바꾸어 주시겠습니까?

❸ 얼마 바꾸시길 원하세요?

❹ 100불 짜리를 잔돈으로 바꿀 수 있을까요?

❺ 어떻게 바꿔드릴까요?

❻ 1불 짜리 8장, 25센트 동전 8개를 주십시오.

❼ 20달러를 파운드로 교환해 주세요.

8. 우편, 전화, 은행!

① أريد بعض التحويلات الصغيرة.

우리-드 바으돗 타흐윌라-툿 싸기-라.

② هل يمكن أن تغيّر هذا الدولار لي ؟

할 윰킨 안 투가이르 하-닷 둘라-르 리?

③ بكم تريد أن تغيّر ؟

비캄 투리-드 안 투가이르?

④ هل يمكن أن تغيّر لـ ١٠٠ دولار ؟

할 윰킨 안 투가이르 리미아트 둘라-르?

⑤ كيف تريد أن تغيّر ؟

카이파 투리-드 안 투가이르?

⑥ أريد ٨ ورقات لدولار واحد و ٨ أرباع ، من فضلك.

우리-드 싸마-니야 와라까-트 리둘라-르 와-히드 와싸마-니야트 아르바-아, 민 파들릭.

⑦ غيّر ٢٠ دولارا الى جنيهات ، من فضلك.

가이르 이슈린- 둘라-란 일라 주나이하-트, 민 파들릭.

은행 관련 단어들!

◐ 은행 관련 단어표현

한국어	아랍어	발음
환전소	مصرف العملات	마쓰라플 우물라-트
환전율	سعر الصرف	씨으룻 싸르프
창구	شباك	슛바-크
잔돈	تحويلات صغيرة	타흐윌라-트 싸기-라
지폐	ورقة	와라까
주화	فكة ، قطعة	팟카, 끼뜨아
여행자수표	شيك سياحي	쉬-크 씨야-히
서명	توقيع	타우끼-아
통화	عملة	우물라
바꾸다	تغيير / تحويل	타그이-르/타흐윌-
달러	دولار	둘라-르
유로	يورو	유로
파운드	جنيه	주나이히
피아스터	قرش	끼르슈
리얄	ريال	리얄
디나르	دينار	디나-르
디르함	درهم	디르함

9. 교통수단!

❶ 교통수단 정보!

　가장 안전한 장거리 여행 수단으로 단연 철도를 꼽습니다. 안전성 뿐만아니라 외국 관광객을 위한 다양한 할인 패스 시스템이 있어 경제적인 여행에 도움을 줍니다. 이들 할인패스는 반드시 한국에서 미리 준비해 나가야 하며, 구입은 시내 여행사나 지사의 창구를 이용하시면 됩니다.

교통수단의 이용!

장거리 버스여행은 철도에 비해 운임이 40~50% 정도 저렴합니다. 버스는 철도 노선이 미치지 않는 곳까지 운행되고 운행시간대가 다양하다는 장점이 있습니다.

또한 장거리용 버스는 고급형으로 편안한 좌석공간, 냉장고, 전화, VTR, 칵테일바 그리고 간이화장실을 갖추고 있습니다. 외국인 관광객을 위한 할인 패스들이 구비되어 있으며 국내에서도 준비할 수 있습니다.

택시는 정류장(**Taxistand**)에서 잡거나 콜택시(**Call Taxi**)를 부를 수 있겠습니다. 자동문 택시에서 리무진(**limousine**) 택시까지 색다른 모양의 다양한 택시들이 있습니다.

9. 교통수단

❷ 이집트 교통정보

● 항공

이집트 항공, 에어 시나이가 수도 카이로에서 국내 주요 도시인 알렉산드리아, 엘 아리슈, 룩소, 뉴발레, 하루가다, 센토카스린, 아스완, 샴엘샤크, 아부심벨를 운항하고 있습니다.

항공권의 예약, 구입은 항공사나 여행사에서 할 수 있으며 요금은 외국인의 경우 내국인의 약 3배 정도이며 외국인이라도 5년 이상 거주하면 내국인 요금으로 항공권을 구입할 수 있습니다.

● 철도

전국이 철도망으로 연결되어 있는데 그 중에서 관광용으로 쓰이는 것은 카이로~알렉산드리아 특급과 카이로 ~ 아스완 특별 침대 열차입니다.

교통수단의 이용!

카이로 알렉산드리아 특급은 2~3시간 간격으로 운행이 되며 시간은 2시간 정도 걸립니다.

카이로~아스완 특별 침대 열차는 하루 3~4편이 있으며 14시간 정도 소요되며 아침, 저녁 식사를 제공합니다. 두가지 다 카이로 람세스 광장의 중앙역에서 시발, 종착합니다.

기차표는 기차역이나 여행사에서 미리 구입하도록 하며 예약석이라 해도 예약을 너무 많이 받아서 다른 사람이 좌석을 차지하는 경우가 있으므로 조금 서둘러 가서 착석하는 것이 좋습니다.

● 버스

비행기나 철도에 비해서 요금이 저렴하며 주로 카이로에서 알렉산드리아, 이스마일리아, 수에즈 등의 도시를 운행합니다.

국내의 장거리 노선은 카이로의 타하힐 광장에서 출발합니다. 국내뿐 아니라 이스라엘 등 다른 나라를 운행하는 노선도 있는데 주간과 야간 모두 있습니다.

9. 교통수단

❸ 사우디 아라비아 교통정보

사우디 아라비아에는 지하철이나 전차 등의 대중교통 시설은 없으며 승용차나 택시가 현지의 주요 교통 수단입니다.

도로는 대부분 편도 2차선 이상이며 속도 제한은 80~100Km입니다. 이곳에서 직접 운전을 할 경우, 특히 교통 질서가 잘 지켜지지 않기 때문에 사고가 나지 않도록 주의를 요합니다.

참고로 여성은 이곳에서 운전이 금지되어 있습니다. 시내에는 2층 버스가 운행되고 있는데 버스 안은 여성과 남성의 좌석이 구분되어 있습니다.

① 철도의 이용! 1.

❶ 매표소는 어디 있습니까?

❷ 열차시각표를 주십시오.

❸ 좌석을 예약해야 합니까?

❹ 급행이 있습니까?

❺ 기차를 갈아 타야합니까?

❻ 왕복표로 주십시오.

❼ 알렉산드리아행을 타는 플랫폼이 어디입니까?

❽ 이 기차가 룩소행입니까?

❾ 어떤 열차를 타야합니까?

9. 교통수단

❶ أين شباك التذاكر ؟

아이나 슛바-크웃 타다-키르?

❷ اعطني الجدول الزمني ؟

아으띠닐 좌드왈릇 자마니.

❸ أحتاج الى حجز مقعد ؟

아흐타-즈 일라 하즈즈 마끄아드?

❹ هل هناك قطار سريع ؟

할 후나-카 끼따-르 싸리-아?

❺ يجب عليَ أن أغيّر القطارات ؟

야쥐브 알라이야 안 우가이르 끼따라-트?

❻ تذكرة ذهاب و إياب من فضلك .

타드키라트 다합- 와이얍- 민 파들릭.

❼ أين الرصيف الى الإسكندرية ؟

아이나 라씨-프 일랄 이스칸다리야?

❽ هل هذا القطار نحو الأقصر ؟

할 하-달 끼따-르 나흐왈 아끄쑤르?

❾ أي قطار أركب ؟

아이 끼따-르 아르캅?

빠르게 찾고 쉽게 말하는 여행회화! 여러분의 여행을 보다 즐겁고 편안하게 만들어 드립니다!!

❷ 철도의 이용! 2.

❿ 몇 번 선입니까?

⓫ 어디에서 갈아탑니까?

⓬ 침대칸이 있습니까?

⓭ 식당칸이 있습니까?

⓮ 기차에서 식사할 수 있습니까?

⓯ 이 열차는 카이라까지 직행합니까?

⓰ 이 열차는 카이라에 정차합니까?

⓱ 여기서 얼마나 정차합니까?

⓲ 오늘부터 유레일패스를 사용하고 싶습니다.

9. 교통수단

➓ أي خط ؟

아이 캇뜨?

⓫ أين أغيّر ؟

아이나 우가이르?

⓬ هل هناك مقعد للنوم ؟

할 후나-카 마끄아드 란나움?

⓭ هل هناك مطعم في القطار ؟

할 후나-카 마뜨암 필 끼따-르?

⓮ هل يمكن أن آكل في القطار ؟

할 윰킨 안 아-쿨르 필 끼따-르?

⓯ هل هذا القطار يصل الى القاهرة بدون توقف ؟

할 하-달 끼따-르 야씰 일랄 까-히라 비두-니 타왓끄프?

⓰ هل يقف هذا القطار في القاهرة ؟

할 야끼프 하-달 끼따-르 필 까-히라?

⓱ كم يتوقف القطار هنا ؟

캄 야타왓까플 끼따-르 후나?

⓲ أريد أن أستخدم Eurail pass من اليوم.

우리-드 안 아스타크딤 유레일패스 민알야움.

❸ 버스의 이용! 1.

❶ 가장 가까운 버스정류장은 어디입니까?

❷ 룩소행 버스정류장은 어디입니까?

❸ 매표소는 어디에 있습니까?

❹ 알렉산드리아행 버스터미널은 어디입니까?

❺ 버스 노선표 한 장 주실 수 있습니까?

❻ 버스 안에서 차표를 살 수 있습니까?

❼ 룩소까지 표 두 장주세요.

❽ 룩소행 버스는 언제 출발합니까?

❾ 이 버스 카이로로 갑니까?

9. 교통수단

❶ أين أقرب محطة حافلة ؟

아이나 아끄랍 마하따트 하-필라?

❷ أين محطة حافلة نحو الأقصر ؟

아이나 마하따트 하-필라 나흐왈 아끄쑤르?

❸ أين شباك التذاكر ؟

아이나 슛바-꾸 타다-키르?

❹ أين مركز الحافلات نحو الإسكندرية ؟

아이나 마르카즐 하필라-트 나흐왈 이스칸다리야?

❺ لو سمحت بأن آخذ خريطة رحلة الحافلة .

라우 싸마흐타 비안 아-쿠드 카리-따트 리흘라틀 하-필라?

❻ هل يمكن أن أشتري تذكرة في الحافلة ؟

할 윰킨 안 아슈타리 타드키라 필 하-필라?

❼ تذكرتان نحو الأقصر ، من فضلك .

타드키라탄 나흐왈 아끄쑤르. 민 파들릭.

❽ متى تنطلق الحافلة الى الأقصر ؟

마타 탄딸리끌 하-필라 일랄 아끄쑤르?

❾ هل تذهب هذه الحافلة إلى القاهرة ؟

할 타드합 하-디힐 하-필라 일랄 까-히라?

④ 버스의 이용! 2.

❿ 다음 버스는 몇 시입니까?

⓫ 몇 분 마다 있습니다.

⓬ 몇 시간 걸립니까?

⓭ 어디에서 갈아타야 합니까?

⓮ 여기는 무슨 정류장입니까?

⓯ 여기가 제가 내려야할 곳인가요?

⓰ 여기서 내려 주십시오.

⓱ 다음 정거장에서 내리겠습니다.

⓲ 그곳에 도착하면 저에게 좀 알려주세요.

9. 교통수단

❿ متى تنطلق الحافلة القادمة ؟

마타 탄딸리끌 하-필랄 까-디마?

⓫ تنطلق بعد بضعة دقائق .

탄딸리끄 바으다 비드아타 다까-이끄.

⓬ كم يستغرق الوقت بالحافلة ؟

캄 야스타그리끌 와끄트 빌하-필라?

⓭ أين يجب عليّ تغيير الحافلة ؟

아이나 야쥐브 알라이야 타그이-를 하-필라?

⓮ في أي محطة نحن الآن ؟

피 아이 마하따 나흐누 알안-?

⓯ هل أنزل هنا ؟

할 안질 후나?

⓰ دعني أنزل هنا ، من فضلك .

다으니 안질 후나. 민 파들릭.

⓱ سأنزل في المحطة القادمة .

싸안질 필 마하딸 까-디마.

⓲ دعني أعرف عندما نصل اليه .

다으니 아으리프 인다마 나쓸 일라이히.

❺ 선박의 이용!

❶ 배로 가고 싶습니다.

❷ 갑판좌석을 예약하고 싶습니다.

❸ 하이댐까지 가는 배는 어디서 탑니까?

❹ 승선시간은 몇 시 입니까?

❺ 언제 출항합니까?

❻ 어느 정도 걸립니까?

❼ 의사를 좀 불러 주시겠습니까?

9. 교통수단

❶ أريد أن أروح بسفينة .

우리-드 안 아루-흐 비싸피-나.

❷ أريد أن أحجز مقعدا على الظهر .

우리-드 안 아흐주즈 마끄아단 알랏 자흐르.

❸ أين أركب السفينة نحو سدّ اسوان العالي ؟

아이나 아르카붓 싸피-나 나호와 쌓드 아스와닐 알리?

❹ ما موعد السفينة ؟

마 마우이듯 싸피-나?

❺ متى تبحر السفينة ؟

마타 투브하룻 싸피-나?

❻ كم يستغرق الوقت ؟

캄 야스타그리끌 와끄트?

❼ هل يمكنك أن تطلب طبيبا ؟

할 윰키누카 안 타뜰룹 따비-반?

❻ 지하철의 이용!

❶ 이 근처에 지하철역이 있습니까?

❷ 가장 가까운 역은 어디입니까?

❸ 회수권 묶음 하나 주십시오.

❹ 지하철 노선표 한장 주십시오.

❺ 시청으로 가는 것은 몇 호선인가요?

❻ 아즈하르대학은 몇 호선을 타야합니까?

❼ 표 한 장 주십시오.

❽ 시내는 어디에서 내려야합니까?

❾ 시청은 몇 번 출구로 나가야 합니까?

9. 교통수단

❶ هل هناك محطة مترو قريبة من هنا ؟
할 후나-카 마하따트 미트루 까리-바 민 후나?

❷ اعطني كتابا من التذاكر ، من فضلك .
아으띠니 키타-반 민앗 타다-키르, 민 파들릭.

❸ اعطني دفترًا من التذاكر ، من فضلك .
아으띠니 다프타란 민앗 타다-키르, 민 파들릭.

❹ اعطني خريطة مترو من فضلك .
아으띠니 카리-따트 미트루 민 파들릭.

❺ أي خط يصل الى البلدية ؟
아이 캇뜨 야씰 일랄 발라디야?

❻ أي خط يأخذني الى جامعة الأزهر ؟
아이 캇뜨 야으쿠드니 일라 좌-미아틀 아즈하르?

❼ تذكرة واحدة ، من فضلك .
타드키라 와-히다, 민 파들릭.

❽ أين أنزل للوصول الى وسط البلد ؟
아이나 안질 릴우쑬- 일라 와쓰딸 발라드?

❾ أي مخرج أخرج منه للوصول الى البلدية ؟
아이 마크라즈 아크루즈 민후 릴우쑬- 일랄 발라디야?

❼ 택시의 이용!

❶ 택시 승차장은 어디입니까?

❷ (메모를 보이면서) 이 주소로 가 주십시오.

❸ 힐튼 호텔로 가주세요.

❹ 시청까지 요금이 얼마정도 듭니까?

❺ 거기까지 가는 데 얼마나 걸립니까?

❻ 빨리 갈 수 있습니까? 늦었는데요.

❼ 오른쪽으로 돌아주시겠습니까?

❽ 여기서 세워주세요.

❾ 요금은 얼마입니까?

9. 교통수단

❶ أين محطة التاكسي ؟
아이나 마하따트 택시?

❷ إلى هذا العنوان ، من فضلك .
일라 하-달 우느완-, 민 파들릭.

❸ الى فندق هلتون ، من فضلك .
일라 푼드끄 힐튼, 민 파들릭.

❹ بكم حتى البلدية ؟
비캄 하탈 발라디야?

❺ كم يستغرق الوقت الى هناك ؟
캄 야스티그리끌 와끄트 일라 후나-카?

❻ هل من الممكن أن تسرع ؟ تأخّرت .
할 민알 뭄킨 안 투쓰리아? 타앗카르투.

❼ در الى اليمين من فضلك .
두르 일랄 야민- 민 파들릭.

❽ قف هنا ، من فضلك .
끼프 후나, 민 파들릭.

❾ بكم التكلفة ؟
비카밀 타클리파?

빠르게 찾고 쉽게 말하는 여행회화! 여러분의 여행을 보다 즐겁고 편안하게 만들어 드립니다!!

⑧ 렌터카의 이용!

❶ 렌터카는 어디에서 빌립니까?

❷ 차를 빌리고 싶습니다.

❸ 어떤 차종이 있습니까?

❹ 이 차를 24시간 빌리고 싶습니다.

❺ 요금표를 보여 주십시오.

❻ 얼마입니까?

❼ 보험에 들고 싶습니다.

❽ 보증금은 얼마입니까?

❾ 차를 반납하고 싶습니다.

9. 교통수단

❶ أين أستأجر سيارة ؟

아이나 아스타으지르 싸야-라?

❷ أريد أن أستأجر سيارة .

우리-드 안 아스타으지르 싸야-라.

❸ أي نوع من السيارات عندك ؟

아이 나우아 민앗 싸야라-트 인다카?

❹ أريد أن أستأجر هذه السيارة لمدة ٢٤ ساعة ؟

우리-드 안 아스타으지르 하-디힛 싸야-라 리뭇다트 아르바아 와이슈리-나 싸-아?

❺ ارني لائحة الأجور ؟

아리니 라-이하틀 우즈-르.

❻ كم الأجرة ؟

카밀 우즈라?

❼ أريد أن أشترك في التأمين .

우리-드 안 아슈타리크 핏 타으민-.

❽ كم الوديعة ؟

카밀 와디-아?

❾ أريد أن أرجع سيارة .

우리-드 안 아르지아 싸야-라.

❾ 주유소의 이용!

❶ 주유소는 어디 있습니까?

❷ 기름을 채워 주십시오.

❸ 고급으로 넣어 주세요.

❹ 20달러 어치를 넣어주세요.

❺ 오일을 점검해 주십시오.

❻ 기름을 채워 주시고 오일을 점검해 주세요.

❼ 가득 채워주세요.

❽ 보통 휘발유로 10불어치 넣어주세요.

❾ 이곳은 본인이 직접 주유하는 곳인가요?

9. 교통수단

① أين محطة الغاز ؟

아이나 마하따를 가즈?

② املأ بالزيت من فضلك .

이믈라아 빗자이트 민 파들릭.

③ سوبر ، من فضلك

수퍼르, 민 파들릭.

④ 20 دولارًا ، من فضلك .

이슈린- 둘라-란, 민 파들릭.

⑤ تأكد من الزيت ، من فضلك .

타앗쿠드 민앗 자이트, 민 파들릭.

⑥ املأ الزيت وتأكد من الزيت ، من فضلك .

이믈라앗 자이트 와 타앗쿠드 민앗 자이트, 민 파들릭.

⑦ املأ كاملا ، من فضلك .

이믈라아 카-밀란, 민 파들릭.

⑧ عشرة دولارات بالزيت العادي ، من فضلك .

아샤라트 둘라라-트 빗자이틸 아-디, 민 파들릭.

⑨ هل هذه المحطة بخدمة ذاتية ؟

할 하-디힐 마하따 비키드마 다-티야?

빠르게 찾고 쉽게 말하는 여행회화! 여러분의 여행을 보다 즐겁고 편안하게 만들어 드립니다!!

교통수단 관련 단어!

➡ 철도여행 관련 단어표현

한국어	아랍어	발음
역	محطة	마하따
열차	قطار	끼따-르
매표소	مكتب تذاكر	마크타브 타다-키르
매표구	شباك تذاكر	슛바-크 타다-키르
편도기차표	تذكرة ذهابا	타드키라트 다하-반
왕복기차표	تذكرة ذهابا وإيابا	타드키르트 다하-반 와이야-반
1등석	درجة أولى	다라좌 우울라
2등석	درجة ثانية	다라좌 싸-니야
간이침대차	قطار نوم مؤقت	끼따-르 나움 무아까트
침대차	راقدة	라-끼다
침대차	قطار نوم	끼따-르 나움
침대권	تذكرة مضجع	타드키라트 마드좌아
침대 윗칸	سرير علوي	싸리-르 울위
침대 아래칸	سرير سفلي	싸리-르 쑤플리
좌석	مقعد	마끄아드
지정좌석	مقعد محجوز	마끄아드 마흐주-즈
보통열차	قطار عادي	끼따-르 아-디
급행열차	قطار سريع	끼따-르 싸리-아
특급열차	قطار سريع محدود	끼따-르 싸리-아 마흐두-드
주간열차	قطار نهاري	끼따-르 나하-리

9. 교통수단

야간열차	قطار ليلي	까따-르 라일리

● 버스여행 관련 단어표현

버스터미널	محطة السفريات الخارجية	마하따툿 싸파리야-틀 카-리지야
버스터미널	موقف حافلات	마으까프 하필라-트
버스정류장	محطة حافلة	마하따트 하-필라
버스	حافلة /أوتوبيس	하-필라/우토비스
2층버스	حافلة من طابقين	하-필라 민 따-비까인
시내버스	حافلة مدينة	하-필라트 마디-나
관광버스	حافلة سياحية	하-필라 씨야-히야
장거리버스	حافلة طويلة المدى	하-필라 따윌-라틀 마다
직행버스	حافلة بدون توقف	하-필라트 비두-니 타왓꾸프
직행버스	حافلة مباشرة	하-필라 무바-쉬라
일시 정차	توقف مؤَقت	타왓꾸프 무아까트
식시를 위한 정차	توقف للوجبة	타왓꾸프 릴와즈바

● 선박여행 관련 단어표현

항구	ميناء/مرفأ	미나-아/마르파아

교통수단 관련 단어!

여객선	سفينة الركاب	싸피-나트 루캅-
부두	رصيف	라씨-프
기항지	ميناء المرور	미나-을 무루-르
승선권	تذكرة الركاب	타드키라트 루캅-
선실	قمرة	까므라
침대	مرقد	마르까드
욕실	حمَّام	함맘-
의무실	بيت الراحة	바이트 라-하
구명부낭	طوق النجاة	따우끈 나좌-
구명동의	صدار النجاة	씨다-른 나좌-
구명보트	قارب النجاة	까-리븐 나좌

● 지하철 관련 단어표현

매표구	شباك تذاكر	슛바-크 타다-키르
입구	مدخل	마드칼
출구	مخرج	마크라즈
플랫홈	رصيف	라씨-프
갈아타는곳	باب التحويل	바-븟 타흐윌-

9. 교통수단

○ 택시 관련 단어표현

택시승차장	منطقة التاكسي	민따까트 택시
택시	تاكسي/سيارة أجرة	택시/싸야-라트 우즈라
택시기사	سائق التاكسي	싸-이끄 택시
기본요금	أجرة أدنى	우즈라 아드나
할증요금	أجرة إضافية	우즈라 이다-피야
택시요금	أجرة التاكسي	우즈라트 택시
미터계	مقياس المسافة	미끄야-쓸 마싸-파
거스름돈	قطع نقود	끼따아 누꾸-드
화물요금	أجرة الأمتعة	우즈라틀 암티아

○ 렌터카 관련 단어표현

보증금	وديعة	와디-아
임대료	أجرة الاستئجار	우즈라틀 이스티으좌-르
자동차사고 보험	تأمين ضد حادثة العربة	타으민- 딧다 하-디싸틀 아라바
국제면허증	رخصة قيادة دولية	루크싸트 끼야-다 두왈리야

➕ 교통수단 관련 단어!

한국어	아랍어	발음
운전면허증	رخصة القيادة	르크싸틀 끼야-다
계약서	عقد	아끄드
주유소	محطة الغاز	마하따틀 가-즈
가솔린	جازولين	가쥴린
가득채움	املأ كاملاً	이믈라아 카-밀란
도로지도	خريطة الطرق	카리-따툿 뚜루끄
고속도로	طريق سريع	따리-끄 싸리-아
유료도로	طريق بالرسوم	따리-끄 비루쑴-
유료도로	باب مكس المرور	바-브 마크쓸 무루-르
교차점	تقاطع	타까-뚜아
주차장	موقف سيارات	마우까프 싸야라-트
일방통행	طريق باتجاه واحد	따리-끄 비티좌-흐 와-히드
추월금지	ممنوع المرور	맘누-알 무루-르
통행금지	طريق مسدود	따리-끄 마쓰두-드
주차금지	ممنوع وقوف السيارات	맘누-아 우꾸-풋 싸야라-트
사고	حادثة	하-디싸
서행	ببطء	비브뜨
안전벨트	حزام الأمان	히자-믈 아만-
공사중	تحت البناء	타흐탈 비나-아

10. 관광하기!

❶ 관광정보!

중동지역은 메소포타미아 문명의 발생지이고 고대 이집트 문명이 그대로 남아 있는 유적지가 있는 곳이며 기독교, 유태교, 이슬람교의 성지로서 볼거리가 많은 곳임에도 불구하고 정치적으로 불안하다는 점과 기후와 종교적인 이유로 관광 산업이 크게 발전하지는 못해 왔습니다. 그러나 근래에는 이들 중동 국가들도 관광 산업의 중요성을 깨닫고 관광 비자 요건을 완화하고 관광 상품을 개발하는 등 세계 관광객들의 유치에 앞장서고 있습니다. 이 지역의 주된 관광 상품은 골프, 승마, 쇼핑 등입니다.

빠르게 찾고 쉽게 말하는 여행회화! 여러분의 여행을 보다 즐겁고 편안하게 만들어 드립니다!!

관광 정보 및 상식! 1.

기후적인 요인으로 인해 한 여름철과 향락이 금지되는 라마단 금식월은 피해서 여행 시기를 정하는 것이 좋겠습니다.

❷ 관광안내소 정보!

현지의 관광정보는 해당 도시의 관광안내소(**information center**)에서 구하는 것이 좋습니다. 보통 역이나 시내 광장에 위치하고 있으며, ⓘ라고 표시된 간판을 찾아가면 됩니다. 관광안내소에는 기본적으로 그 도시에 대한 각종 안내 자료를 무료로 제공하고 있습니다. 안내소에서는 유명 관광 코스를 안내해 주거나, 각종 요금정보와 버스, 지하철 노선표 그리고 시내관광지도를 무료로 주거나, 저렴한 숙소에 대한 정보와 예약을 대행해 주기도 합니다.

❸ 시내관광 상식

관광은 개별적으로 지도를 가지고 자유롭게 찾아 다니는 방법과 단체로 정해진 스케줄에 의해 이동을 하는 방법, 간편하게 차내에서 시내를 한바퀴 둘러보는 시티투어 관광법이 있습니다. 시간을 얼마나 할애할 것인가, 여유시간은 얼마나 있느냐에 따라 자신에게 맞는 방법을 정하면 됩니다.

10. 관광하기!

효과적인 관광을 위해서 전날 밤에는 꼼꼼하게 시간계획과 교통편, 가능하다면 지하철의 출구번호까지 간단히 메모를 해두도록 합니다. 이를 위해 시내지도와 노선표는 필수적으로 준비하도록 합니다. 잔돈도 충분히 준비하며, 카메라와 필름도 준비합니다. 관광지도를 이용해 목적지를 찾아 가는 방법과 병행해서 상점이나 현지 행인들에게 위치를 물어 보는 것도 좋습니다. 귀중품은 가급적 호텔에 보관시키고, 무거운 짐은 객실에 놔두고 가는 것이 좋으며, 간편한 차림과 간식거리를 챙겨서 나가는 것이 좋습니다. (물, 음료수, 초콜릿, 쿠키 등) 갑작스러운 일기의 변화에 대비해서 우산이나 우비도 작은 가방안에 넣어 가지고 다니는 것이 좋습니다.

❹ 사진촬영 상식

여행지의 생생한 기록은 사진입니다. 요즘은 디지털카메라와 핸디캠의 보급으로 많은 이들의 기록 수단이 되고 있습니다. 주의하실 점은 충전식의 경우 베터리의 재충전을 위해 해당국의 전압과 콘센트 상태를 미리 체크하고 준비하여야 합니다.

최근 여행자들이 사용하는 방법중에 또 한 가지는 디지털카메라로 찍은 현장사진을 이메일로 한국으로 보내거나, 웹하드에 저장하는 방법이 있습니다. 인터넷카페를 이용해 현장 사진을 고국으로 전하는 방법도 유용할 것입니다.

빠르게 찾고 쉽게 말하는 여행회화! 여러분의 여행을 보다 즐겁고 편안하게 만들어 드립니다!!

관광 정보 및 상식! 2.

사진촬영에 있어 유의해야 할 점은 미술관, 박물관 그리고 사원 등에서는 사진촬영이 금지되어 있으며, 군사시설이나 사건현장에서 직무중인 경찰의 모습도 촬영해서는 안 된다는 것입니다. 그리고 관광지역 이외에서의 시설물이나 매장의 촬영은 제재를 받을 수도 있습니다. 개인을 찍을 때에도 반드시 촬영 전에 양해를 구하도록 합니다.

 ## ❺ 주요 관광 정보!

낮동안의 도시관광과 함께 추천할 만한 볼거리로는 다양한 연예, 스포츠 등이 있을 수 있습니다. 연예(**entertainment**) 프로그램들은 하루의 피로를 풀어줌과 동시에 그 나라의 문화를 접할 수 있어 특히 권할만한 문화적 여흥거리입니다. 대표적인 공연예술들로는 뮤지컬, 오페라, 콘서트, 발레, 쇼, 연극, 영화를 들 수 있으며, 축제나 거리공연 등도 꼭 보셔야 할 부분입니다.
관람은 먼저 티켓예약부터 시작합니다. 공연작품들에 대한 프로그램을 먼저 체크하고 시즌티켓이나 할인티켓을 찾도록 합니다. 티켓정보는 호텔이나 관광안내소에 알아 보시면 되고, 신문이나 공연예술 소식지, 관광정보지(**tourist guide book**)를 통해서도 알아 볼 수 있습니다. 예약 및 예매는 호텔 프론트데스크나 백화점에서 할 수 있으며, 그밖에 티켓에이전트(**ticket agent**), 티켓트론(**ticketron**), 티켓브로커를 통해서도 살 수 있습니다.

10. 관광하기!

❻ 주요 관광명소!

● 이집트의 관광명소

이집트는 세계적인 관광명소로서 이집트의 수도인 카이로는 투탕카문 등 고대 이집트 문화유산을 그대로 간직한 곳이며 곳곳에 있는 이슬람 사원 또한 많은 볼거리를 제공합니다.

또한 지중해의 가장 중요한 항구 중에 하나인 알렉산드리아는 중동지역 최고의 여름 휴양지입니다. 카이로의 남쪽에 위치한 룩소는 룩소 신전, 카르낙 신전 등 세계에서 가장 오래된 유적들이 있는 곳이며 그 외에 아스완과 시나이도 관광지로서 유명한 곳입니다.

● 사우디아라비아의 관광명소

이슬람교의 제1성지인 메카는 이슬람교의 창시자인 마호메트의 출생지로서 이슬람교도의 정신적인 중심을 이루는 곳입니다. 이곳에는 카아바와 아브라함 신전을 포함한 모스크, 잠잠의 성스러운 우물, 성스러운 산 마르프 등 수많은 성소가 있습니다. 제2성지인 메디나는 마호메트의 무덤이 있는 곳으로서 메카와 더불어 이곳은 이슬람교도가 아닌 경우에는 출입이 불가능합니다.

빠르게 찾고 쉽게 말하는 여행회화! 여러분의 여행을 보다 즐겁고 편안하게 만들어 드립니다!!

① 관광 시작하기!

❶ 관광안내소는 어디 있습니까?

❷ 여행안내서를 얻을 수 있습니까?

❸ 흥미로운 몇 곳을 말씀해 주시겠습니까?

❹ 시내지도 있습니까?

❺ 어디에서 출발합니까?

❻ 한 사람에 얼마입니까?

❼ 하루에 얼마입니까?

❽ 관광하는 곳을 말해 주십시오.

❾ 유람선 타는 곳은 어디입니까?

10. 관광하기!

❶ أين مكتب الاستعلامات السياحية ؟

아이나 마크타블 이스티을라마-툿 씨야-히야?

❷ هل يمكن أن آخذ دليل سياحة وسفر ؟

할 윰킨 안 아-쿠드 달릴- 씨야-하 왓싸파르?

❸ هل يمكن أن تقدّم بعض المعالم ؟

할 윰킨 안 투깟딤 바으들 마알-림?

❹ هل عندك خريطة للمدينة ؟

할 인다카 카리-따 릴마디-나?

❺ أين يبدأ ؟

아이나 야브다으?

❻ بكم لشخص واحد ؟

비캄 리샤크쓰 와-히드?

❼ بكم الرسوم في اليوم الواحد ؟

비캄 루숨- 필 야우밀 와-히드?

❽ تحدّث لي عن الأماكن التي نزورها.

타핫다쓰 리 안일 아마-킨 알라티 나주-루하.

❾ أين نركب زورق سياحي ؟

아이나 나르캅 자루-끄 씨야-히?

❷ 길 물어보기! 1.

❶ 실례합니다. 길을 잃었습니다.

❷ 여기가 어디입니까?

❸ 여기가 무슨 거리입니까?

❹ 어느 쪽이 북쪽입니까?

❺ 지도상으로 제가 어디에 있는 건가요?

❻ 지하철역에는 어떻게 가야 하나요?

❼ 한국대사관이 어디 있는지 아십니까?

❽ 그곳까지 걸어갈 수 있나요?

❾ 가장 가까운 화장실은 어디에 있습니까?

10. 관광하기!

❶ لو سمحت ، أنا ضائع.
라우 싸마흐타. 아나 다-이아.

❷ أين نحن الآن ؟
아이나 나흐누 알안-?

❸ ما هذا الشارع ؟
마 하-닷 샤-리아?

❹ أي طريق الى الشمال ؟
아이 따리-끄 일랏 샤말-?

❺ أين أنا على الخريطة ؟
아이나 아나 알랄 카리-따?

❻ كيف أصل الى محطة مترو ؟
카이파 아씰 일라 마하따트 미트루?

❼ هل تعرف أين تقع السفارة الكورية ؟
할 타으리프 아이나 타까앗 씨파-라틀 코리야?

❽ هل أستطيع أن أمشي على الاقدام ؟
할 아스타띠-아 안 암쉬 알랄 아끄담-?

❾ أين أقرب حمّام ؟
아이나 아끄랍 함맘-?

빠르게 찾고 쉽게 말하는 여행회화! 여러분의 여행을 보다 즐겁고 편안하게 만들어 드립니다!!

❸ 길 물어보기! 2.

⑩ 여기서 얼마나 멉니까?

⑪ 얼마나 걸릴까요?

⑫ 힐튼 호텔은 여기서 멉니까?

⑬ 어떻게 가야 합니까?

⑭ 저는 이곳이 초행입니다.

⑮ 여기에 약도를 그려 주십시오.

⑯ 그곳은 버스로 갈 수 있습니까?

⑰ 지금 제가 있는 곳을 지도에 표시해 주세요.

⑱ 감사합니다. 그쪽으로 가보겠습니다.

10. 관광하기!

⑩ كم بعيد من هنا ؟

캄 바이-드 민 후나?

⑪ كم وقتا يستغرق ؟

캄 와끄탄 야스타그리끄?

⑫ هل فندق هيلتون بعيد من هنا ؟

할 푼두끄 힐튼 바이-드 민 후나?

⑬ كيف أصل هناك ؟

카이파 아씰 후나-카?

⑭ أنا غريب هنا .

아나 가립- 후나.

⑮ ارسم لي خريطة هنا من فضلك .

우르쑴 리 카리-따 후나 민 파들릭.

⑯ هل يمكن أن أروح هناك بحافلة ؟

할 윰킨 안 아루-흐 후나-카 비하-필라?

⑰ عرّفني أين أنا على هذه الخريطة من فضلك .

아르리프니 아이나 아나 알라 하-디힐 카리-따 민 파들릭.

⑱ شكرا. أحاول أن أروح هناك .

슈크란. 우하-윌 안 아루-흐 후나-카.

④ 기념사진 찍기!

❶ 사진 좀 찍어주시겠어요?

❷ 이 버튼을 누르시기만 하면 돼요.

❸ 그럼 찍으세요. 준비됐습니다.

❹ 그럼 찍습니다.

❺ 한 장 더 부탁합니다.

❻ 여기서 사진을 찍어도 됩니까?

❼ 함께 사진을 찍을 수 있을까요?

10. 관광하기!

❶ هل يمكن أن تلتقط صورة لنا ؟

할 윰킨 안 탈따끼뜨 쑤-라 라나?

❷ اضغط على هذا الزر فقط .

이드가뜨 알라 하-닷 지르 파까뜨.

❸ إذًا ، تفضّل . أنا مستعد .

이단. 타팟달. 아나 무스타잇드.

❹ الآن التقط .

알안- 알타끼드.

❺ صورة إضافية ، من فضلك .

쑤-라 이다-피야. 민 파들릭.

❻ هل تسمح لي بأن ألتقط صورة هنا ؟

할 타쓰마하 리 비안 알타끼뜨 쑤-라 후나?

❼ هل تسمح لي بأن ألتقط صورة معك ؟

할 타쓰마하 리 비안 알따끼뜨 쑤-라 마아카?

관광 관련 단어! 1.

● 관광 관련 단어표현

한국어	아랍어	발음
관광	سياحة	씨야-하
명소	معالم	마알-림
박람회	معرض	마으라드
박물관	متحف	마트하프
화랑	متحف فنون	마트하프 푸눈-
전시장	معرض	마으라드
수족관	حوض السمك	하우둣 싸막
동물원	حديقة الحيوانات	하디-까틀 하야와나-트
식물원	حديقة النباتات	하디-까튼 나바타-트
교외	الضواحي	앗다와-히
시내중심	وسط البلد	와쓰딸 발라드
공원	حديقة	하띠-까
유원지	منتزه	문타자호
축제	مهرجان	미흐라잔-
특별행사	حدث خاص	하다쓰 카-쓰
행사	حدث	하다쓰
연중행사	حدث سنوي	하다쓰 싸나위

● 사진 관련 단어표현

한국어	아랍어	발음
현상	تحميض فلم فوتوغرافي	타흐미-드 필므 포토그라-피
인화	استخراج صورة فوتوغرافية	이스타크라-즈 쑤-라 포토그라-피야

10. 관광하기!

컬러필름	فلم ملون	필므 물라완
슬라이드 필름	فلم شرائح	필므 샤라-이흐
흑백필름	فلم أسود وأبيض	필므 아쓰와드 와아브야드
건전지	بطارية	바따-리야
사진촬영 금지	ممنوع التصوير	맘누-앗 타쓰위-르
프래쉬 금지	ممنوع الفلاش	맘누-알 플래쉬

● 시내관광 관련 단어표현

이쪽	هذا الاتجاه	하-달 이티좌-흐
이쪽	الى هنا	일라 후나
저쪽	الى هناك	일라 후나-카
앞	أمام	아맘-
뒤	خلف	칼프
옆	جانب	좌-닙
반대편	معاكس	무아-키스
오른쪽	يمين	야민-
오른쪽방향	الى اليمين	일랄 야민-
왼쪽	يسار	야싸-르
왼쪽방향	الى اليسار	일랄 야싸-르
곧장	مستقيم ، على طول	무스타낌- / 알라 뚤-
도로	طريق	따리-끄

➕ 관광 관련 단어! 2.

보도	رصيف	라씨-프
횡단보도	عبور المشاة	우부-를 무샤-
네거리	مفترق طرق	무프타라끄 뚜루끄
구획	كتلة	쿠틀라
가로	جادة	좟-다
가로	تقاطع	타까-뚜아
교차로	محطة حافلة	마하따트 하-필라
버스정류장	محطة تاكسي	마하따트 택시
택시승차장	محطة مترو	마하따트 미트루
지하철역	محطة قطار	마하따트 끼따-르
기차역	سوق	쑤-끄
시장	شارع التسوق	샤-리앗 타싸우끄
상가	ميدان	마이단-
광장	حديقة	하디-까
공원	وسط البلد	와쓰딸 발라드
시내중심가		

❯ 거리의 경고 표시들!

주의!	انتباه	인티바-호
위험!	خطر	카따르
경고!	تحذير	타흐디-르

10. 관광하기!

한국어	العربية	발음
안내	استعلامات	이스티을라마-트
계단이용!	استخدم السلم !	이스타크디밋 쑬람!
고장!	معطل	무앗딸
접근금지!	ممنوع الدخول	맘누-앗 두쿨-
접근금지!	ممنوع المرور	맘누-알 무루-르
통행금지!	مفتوح	마프투-하
영업중	مغلق	무글라끄
폐점	ادفع	이드파아
미시오!	اسحب	이쓰합
당기시오!	مدخل	마드칼
입구	مخرج	마크라즈
출구	مخرج طوارئ	마크라즈 따와-리이
비상구	حمّام	함맘-
화장실	مرحاض	미르하-드
화장실	دورة المياه العامة	다우라틀 미야할 암-마
공중변소	للرجال	리리잘-
남자용	للنساء	린니싸-
여자용	حمّام	함맘-
화장실(미국)	دورة المياه	다우라틀 미야하
화장실(영국)	دورة المياه العامة	다우라틀 미야할 암-마
공중변소		

빠르게 찾고 쉽게 말하는 여행회화! 여러분의 여행을 보다 즐겁고 편안하게 만들어 드립니다!!

❺ 공연의 관람! 1.

❶ 몇 시 표가 있습니까?

❷ 입장료는 얼마입니까?

❸ 학생요금 할인됩니까?

❹ 학생 (어른) 2장 주세요.

❺ 가장 싼 좌석으로 2장 주십시오.

❻ 오늘 좌석이 있습니까?

❼ 영화관은 어디에 있습니까?

❽ 오페라를 보고 싶습니다.

❾ 오페라는 어디서 관람할 수 있습니까?

10. 관광하기!

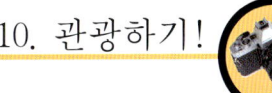

① في أي ساعة يعرض الفلم ؟

피 아이 싸-아 유으라드 필무?

② بكم التذكرة ؟

비카밋 타드키라?

③ هل عندك تذاكر طلاب ؟

할 인다카 타다-키르 뚤랍-?

④ طالبان ، من فضلك .

딸리바-니, 민 파들릭.

⑤ تذكرتان بأرخص ثمن ، من فضلك .

타드키라타-니 비아르카쓰 싸만, 민 파들릭.

⑥ هل عندك مقعد لليوم ؟

할 인다카 마끄아드 릴야움?

⑦ أين السينما ؟

아이낫 시-니마?

⑧ أريد أن أشاهد الأوبرا .

우리-드 안 우샤-히들 오페라.

⑨ أين أستطيع أن أشاهد الأوبرا ؟

아이나 아스타띠-아 안 우샤-히들 오페라?

⑥ 공연의 관람! 2.

❿ 지금은 무슨 공연을 하고 있습니까?

⓫ 지금 인기있는 공연은 무엇입니까?

⓬ 출연진은 누구 누구입니까?

⓭ 며칠 동안 공연을 합니까?

⓮ 입구는 어디입니까?

⓯ 공연은 몇 시에 시작합니까?

⓰ 몇 시에 끝납니까?

⓱ 좌석 안내도가 있습니까?

⓲ 여기 자리 있습니까?

10. 관광하기!

ماذا يعرض الآن ؟ ⑩
마-다 유으라드 알안-?

ما هو المحبوب الآن ؟ ⑪
마 후알 마흐부-브 알안?

من الممثّلون ؟ ⑫
만일 무마씰루-나?

كم مدة العرض ؟ ⑬
캄 뭇다툿 아르드?

أين المدخل ؟ ⑭
아이날 마드칼?

متى يبدأ الأداء ؟ ⑮
마타 야브다을 아다-아?

متى ينتهي ؟ ⑯
마타 얀타히?

هل عندك دليل المقاعد ؟ ⑰
할 인다카 달릴-를 마까-이드?

هل هذا المقعد محجوز ؟ ⑱
할 하-달 마끄아드 마흐주-즈?

❼ 나이트 클럽!

❶ 디스코텍에 가고 싶습니다.

❷ 근처에 디스코텍이 있습니까?

❸ 몇 시에 오픈합니까?

❹ 입장료는 얼마입니까?

❺ 입장료가 포함된 것입니까?

❻ 음료수 값은 별도입니까?

❼ 저와 춤추시겠습니까?

10. 관광하기!

❶ أريد أن أذهب الى ملهي ليلي .
우리-드 안 아드합 일라 말하 라일리.

❷ هل هناك أي ملهى ليلي قريب من هنا ؟
할 후나-카 아이 말하 라일리 까립- 민 후나?

❸ متى يفتح ؟
마타 유프타하?

❹ بكم أجرة الدخول ؟
비캄 우즈라틀 두쿨-?

❺ هل يشمل أجرة الدخول ؟
할 야슈말루 우즈라틀두쿨-?

❻ هل تكلف المشروبات ؟
할 투칼리플 마슈루바-트?

❼ هل يمكنك أن ترقص معي ؟
할 윰키누카 안 타르꾸쓰 마이?

⑧ 스포츠 즐기기!

❶ 어떤 운동을 좋아하십니까?

❷ 축구를 제일 좋아합니다.

❸ 저는 아홀리 팀의 열렬한 팬입니다.

❹ 내 취미는 축구를 하는 것입니다.

❺ 축구 시합을 보고 싶습니다.

❻ 어떤 시합이 펼쳐집니까?

❼ 낚시하러 가고 싶습니다.

❽ 골프 투어에 참가하고 싶습니다.

❾ 카누를 타고 싶습니다.

10. 관광하기!

❶ أي رياضة تحبّ ؟
아이 리야-다 투힙부?

❷ أفضّل كرة القدم.
우팟딜 쿠라탈 까담.

❸ أحبّ الأهلي .
우힙불 아흘리.

❹ هوايتي لعب كرة القدم.
히와-야티 라압 쿠라틸 까담.

❺ أريد أن أشاهد مباراة كرة قدم .
우리-드 안 우샤-히드 무바라-트 쿠라트 까담.

❻ أي فريق يلعب في المباراة ؟
아이 파리-끄 알아브 필 무바-라?

❼ أريد أن أذهب للصيد .
우리-드 안 아드합 릿싸이드.

❽ أريد أن أنضم الى جولة الغولف .
우리-드 안 안담무 일라 좌울라틀 골프.

❾ أريد أن أركب الكانو .
우리-드 안 아르카블 카누.

오락 관련 단어! 1.

● 공연예술 관련 단어표현

음악회	كونسورت	칸써르트
음악당	قاعة كونسورت	까-아트 칸써르트
쇼	عرض	아르드
버라이어티쇼	حفلة المنوَّعات	하플라틀 무나으와아-트
연극	مسرحية	마쓰라히야
뮤지컬	مسرحية موسيقية	마쓰라히야 무씨-끼야
오페라	أوبرا	오페라
발레	باليه	발레
영화	فلم	필무
영화관	دار السينما	다룻 씨니-마
극장	سينما	씨니-마
야외극장	سينما بالسيارة	씨니-마 빗싸야-라

● 공연예매 관련 단어표현

매표소	مكتب التذاكر	마크타붓 타다-키르
예매권	تذكرة بالحجز	타드키라 빌하즈즈
어른/어린이	بالغ/طفل	발-리그/띠플

10. 관광하기!

한국어	아랍어	발음
학생	طالب	딸-립
예약석	مقعد محجوز	마끄아드 마흐주-즈
자유석	مقعد حر	마끄아드 후르르
맨윗층석	شرفة المسرح	슈르파틀 마쓰라하
1층정면석	مقعد في مقدَم الوسط في الدور	마끄아드 피 무깟다밀 와싸뜨 핏 다우를 아우왈
2층정면석	مقعد في شرفة المسرح	마끄아드 피 슈르파틀 마쓰라하
특별석	لوج	로우쥐
입석	مقعد قائم	마끄아드 까-임
빈좌석	مقعد شاغر	마끄아드 샤-기르
낮공연	حفلة نهارية	하플라 나하-리야
리허설	تمرين	타무린-
휴식시간	فترة استراحة	파트라트 이스티라-하
공연(상연)	أداء	아다-아

● 스포츠 관련 단어표현

한국어	아랍어	발음
축구	كرة القدم	쿠라틀 까담
야구	بايسبول	베이스볼
수영	سباحة	씨바-하
수영장	حوض السباحة	하우둣 씨바-하
골프	غولف	골프

빠르게 찾고 쉽게 말하는 여행회화! 여러분의 여행을 보다 즐겁고 편안하게 만들어 드립니다!!

오락 관련 단어! 2.

골프장	دورة الغولف	다우라틀 골프
테니스	تنس	티니스
테니스 코트	ملعب التنس	말압 티니스
캠핑	تخييم	타크이-임
등산	تسلق الجبال	타쌀루끌 쥐발-
캠프장	ساحة التخييم	싸하-틀 타크이-일
낚시	الصيد	앗싸이드
보트	زورق	자우라끄
보트타기	ركوب الزورق	루쿠-블 자우라끄
싸이클링	قيادة الدراجة	끼야-다툿 다라-좌
자전거 대여	استئجار الدراجة	이스티으자-룻 다라-좌
스키	التزحلق على الثلج	앗타자흐라끄 알랏 쌀즈
스키스틱	قضيب التزحلق	까딥 타자흐라끄
스키화	حذاء التزحلق	히다- 타자흐라끄
스키팬츠	بنطلون التزحلق	반따룬 타자흐라끄
스케이트	التزلج على الجليد	앗타즈라즈 알랄 좔리-드

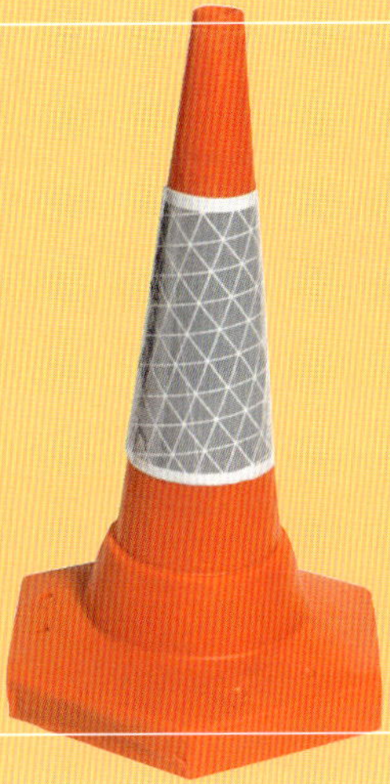

11. 사고상황의 대처

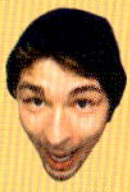

❶ 문제상황의 발생!

해외여행 중에 예기치 않은 사고나 돌발사태가 있을 수 있습니다. 중요한 것은 당황하지 말고 침착하게 대처하는 것입니다. 언어가 제대로 소통되지 않는 상황에서 흥분하고 큰소리로 사정을 외쳐도 도움을 구하긴 결코 쉽지 않습니다. 만약 신변의 위험을 느끼는 상황이라면 주저하지 말고 곧바로 가까운 경찰관이나 경찰서, 대사관 등을 찾으시고, 물건을 도난당하거나 분실했을 때, 또 다쳤을 때는 긴급구조나 경찰서에 즉시 연락을 취하십시오. 특히 보관, 관리에 신경써야 할 것은 여권인데 경비와 별도로 깊은 곳에 잘 보관해야 하겠습니다.

분실, 도난, 사고?

❷ 분실 도난사고시!

ⓐ 여권을 분실했을 때 :
여권을 분실해 재발급을 받으려면 상당한 시간이 소요됩니다. 전체 여행에 차질을 빚을 수 있으므로 가능한 한 빨리 한국대사관이나 총영사관에 연락한 후 '여행자증명서'를 발급 받도록 합니다. 여권 및 여행자 증명서를 재발급 받기 위한 구비서류로는 ① 여권 도난 / 분실 증명서 (현지 경찰 발급), ② 일반여권 재발급신청서 2통, ③ 신분증, ④ 사진 2매, ⑤ 분실한 여권의 번호와 교부일자 등을 준비해야 합니다. 이럴 경우를 대비해 여권 앞면을 복사해서 보관하고 있어야 합니다.

ⓑ 여행자수표를 분실했을 때 :
재발행은 두 번째의 사인을 하지 않은 미사용분만 가능합니다. 재발행을 위해서는 ① 분실증명서(경찰서에서 발급), ② 발행 증명서(구입시 은행에서 준 것), ③ 여권이나 운전면허증 등의 신분증을 지참하고 발행 은행의 현지 지점으로 가시면 됩니다. 아직 사용하지 않은 수표의 번호는 항상 기록해 두도록 합니다.

ⓒ 항공권을 분실했을 때 :
발권 항공사의 대리점으로 가서 재발급 신청을 합니다. ① 항공권번호, ② 발권일자, ③ 구간, ④ 복사본이 있으면 편리하며, 소요시간은 약 1주일 정도 걸립니다. 시간이 촉박할 때는 일단 새로 비행기표를 사고, 나중에 환불 받는 방법을 취하도록 하십시오.

ⓓ 크레디트카드를 분실했을 때 :
카드발행회사에 즉시 신고합니다. 카드번호와 유효기간 등은 반드시 따로 메모해 둡니다. 보통 지갑과 함께 잃

11. 사고상황의 대처

어버려 현금과 다른 신분증을 함께 잃어 버리는 경우가 많은데 이를 위해 현금과 카드는 분산해서 소지하고 한국으로부터 송금받을 경우에 대해서도 대비를 하도록 합니다.

ⓔ 유레일패스를 분실했을 때 :
유레일패스는 재발행이 불가능하기 때문에 분실하지 않는 수밖에 없습니다.

ⓕ 배낭 또는 기타 물건을 분실했을 때 :
가방을 분실하거나 도난 당했을 경우, 현지 경찰의 분실증명서를 발급 받아야 합니다. 보험가입자의 경우 귀국 후 보험청구시에 반드시 필요한 서류가 됩니다. 항공기의 운송사고의 경우는 사고보상에 따른 일체를 항공사가 배상합니다.

✚ 도난사고의 예방!

도난사고에 대비하는 준비도 중요하지만 그보다 더 중요한 것은 도난이나 범죄의 가능성을 줄이는 것, 즉 예방입니다. 특히 도난사고가 빈번한 장소로는 공항, 기차역, 호텔 로비, 유명관광지 등을 들 수 있으며, 밤길, 유흥가, 뒷골목은 강도 범죄가 다발하고 있어 특히 주의를 요합니다. 귀중품은 호텔 프론트에 맡기는 것도 좋은 방법입니다.

빠르게 찾고 쉽게 말하는 여행회화! 여러분의 여행을 보다 즐겁고 편안하게 만들어 드립니다!!

분실, 도난, 사고?

❸ 교통사고 발생시!

사고가 발생하면 우선 경찰에 신고하십시오. 경찰 조사가 공정하지 않다고 판단되거나 정확한 과실 규명이 필요할 때는 한국대사관이나 총영사관에 연락해 도움을 구합니다. 특히 접촉사고시에 어느 쪽의 과실인지 정확히 밝혀지지 않은 상태에서 예의상 먼저 **'I'm sorry.'**(미안합니다.)라고 해서는 곤란합니다. 이는 '자신의 과실로 인정한다.' 는 뜻이 될 수도 있기 때문입니다. 렌트카의 경우도 과실여부에 따라 전액 보험처리가 되므로 절대 흥분하지 말고 사고처리가 이루어질 때까지 사고 조사의 과정을 잘 지켜봐야 하겠습니다.

❹ 질병에 대한 대비!

기후, 시차 및 식사 등 갑작스러운 변화로 몸에 탈이 생겨 여행에 차질을 빚게 되는 경우가 종종 있습니다. 최근에 해외여행자 보험이 현지 병원과 약국의 도움을 받을 수 있는 보험상품까지 소개되고 있어 여행중의 부상에 대해 다소 걱정을 덜 수 있게 되었습니다. 그럼에도 불구하고 기본적인 비상약은 반드시 챙겨 나가야 하는데 이는 간단한 약품일지라도 나라에 따라서는 쉽게 살 수 없기 때문입니다. 배탈 설사는 여름철 가장 흔한 일로 '정로환' 정도는 필수로 챙겨 가셔야 합니다. 그리고 평소에 건강이 좋지 않으신 분은 복용하시던 약을 여유분까지 충분히 준비해 나가셔야 하며, 만성 질환자의 경우는 영문 처방전을 소지하시는 것이 좋습니다. 병원치료 후에는 반드시 영수증을 받아 추후 보험료를 신청하도록 하며, 장기적으로 입원 치료를 받아야 할 사태라면

11. 사고상황의 대처

한국으로 이를 알려 친지의 도움을 구하셔야 하겠습니다. 그밖의 질환은 가능한 한 귀국 후에 치료를 받도록 합니다. 충분한 의사소통이 이루어지지 않은 상태에서 큰 수술을 내맡기기에는 무리가 따르기 때문입니다.

❺ 약국의 처방!

의약분업이 이루어 지고 있는 나라에서는 아프다고 해서 바로 약국에서 약을 지어 먹을 수가 없습니다. 약국에서 살 수 있는 약은 간단한 외상제, 복통, 아스피린 정도이며 항생제나 기타 약품은 의사의 처방전이 없이 구입할 수 없습니다. 먼저 의사의 진찰을 받으시고, 처방전을 받아 약사에게서 약을 타셔야 합니다. 그렇기 때문에 간단한 비상약은 준비해 가야 하며 병중이거나 병력이 있는 사람은 위급할 경우를 대비해서 영문 진단서를 여권 속에 넣어 보관하고 있는 것이 좋습니다.

✚ 여행자 필수 메모장~!

여권과 비자 : 여권번호, 유효기간, 발행일, 발행지, 해당지역의 한국공관 연락처 (여권사본)
항공권 : 항공권번호, 발행일, 관련항공사의 현지 연락처
여행자수표 : 여행자수표 일련번호, 구입일, 관련 은행 연락처
신용카드 : 카드번호, 발급회사 연락처, 분실신고서(증명서)

❶ 분실사고시! 1.

❶ 여권을 분실했습니다.

❷ 여행자수표를 분실했습니다.

❸ 기차에 가방을 놓고 내렸습니다.

❹ 카메라를 잃어버렸어요.

❺ 어제 지하철에서 소매치기 당했습니다.

❻ 한국어가 가능한 사람을 불러주십시오.

❼ 한국대사관에 연락해 주십시오.

11. 사고상황의 대처

❶ ضاع جواز سفري .

다-아 좌와-즈 싸파리.

❷ ضاع شيكي السياحي .

다-아 쉬-킷 씨야-히.

❸ تركت حقيبتي في القطار .

타라크투 하끼-바티 필 끼따-르.

❹ ضاعت آلة التصوير .

다-아트 알라툿 타쓰위-르.

❺ سُرقَ في المترو أمس .

쑤리까 필 미트루 암쓰.

❻ هل يمكن أن أتحدّث مع شخص يتكلّم اللغة الكورية ؟

할 윰킨 안 아타핫다쓰 마아 샤크쓰 야타칼라물 루갈 코리야.

❼ اتّصل بالسفارة الكورية من فضلك .

잇타씰 빗싸파-랄 코리야 민 파들릭.

❷ 분실사고시! 2.

❽ 여권을 재발행 받으러 왔습니다.

❾ 오늘 재발행됩니까?

❿ 어디서 그것을 재발행 받을 수 있습니까?

⓫ 재발행이 가능합니까?

⓬ 분실물에 대해선 어디에 물어봐야 합니까?

⓭ 분실물 신고 센터가 어디에 있습니까?

⓮ 이 전화번호로 연락주세요.

11. 사고상황의 대처

❽ جئت لطلب إعادة إصدار جواز السفر .
쥐으투 리딸랍 이아-다트 이쓰다-르 좌와-즛 싸파르.

❾ هل يمكنك أن تعيد إصداره اليوم ؟
할 윰키누카 안 투이-드 이쓰다-르흐 알야움?

❿ أين يمكنني إعادة إصداره ؟
아이나 윰키누니 이아-다트 이쓰다-르후?

⓫ هل يمكن إعادة إصداره ؟
할 윰킨 이아-다트 이쓰다-르후?

⓬ أين أسأل عن المفقودات ؟
아이나 아쓰알 아닐 마프꾸다-트?

⓭ أين مستودع المفقودات ؟
아이나 무스타우다알 마프꾸다-트?

⓮ اتّصل بهذا الرقم من فضلك .
잇타씰 비하-다 라끔 민 파들럭.

❸ 사고의 신고!

❶ 여보세요. 경찰서죠?

❷ 경찰서 좀 대 주세요.

❸ 제 지갑을 소매치기 당했어요.

❹ 자동차 사고를 신고하고자 합니다.

❺ 화재발생 신고를 하려 합니다.

❻ 제가 강도를 당했습니다.

❼ 여기 부상자 한 사람이 있습니다.

❽ 그의 머리에서 피가 납니다.

❾ 앰뷸런스를 좀 불러주세요.

11. 사고상황의 대처

❶ ألو ، هل هناك الشرطة ؟
알루, 할 후나-카 슈르따?

❷ حوّل الى الشرطة .
하으월 일랏 슈르따.

❸ حافظتي مسروقة .
하-피자티 마쓰루-까.

❹ أريد أن أخبر بحادث سيارة .
우리-드 안 우크비르 비하-디쓰 싸야-라.

❺ أريد أن أخبر بحادث حريق .
우리-드 안 우크비르 비하-디쓰 하리-끄.

❻ أنا مسروق
아나 마쓰루-끄.

❼ هناك مصاب بالجرح .
후나-카 무쌉- 빌 좌라흐.

❽ يسيل الدم من رأسه .
야씰- 담무 민 라으씨히.

❾ نحتاج الى سيارة الإسعاف .
나흐타-즈 일라 싸야-라틀 이쓰아-프.

❹ 긴급! 간단표현!

❶ 응급상황입니다!

❷ 122로 전화해주세요.

❸ 경찰을 불러 주세요!

❹ 도둑이다! 잡아라!

❺ 불이야!

❻ 도와주세요!

❼ 조심해요!

❽ 엎드려!

❾ 저 놈 잡아라!

11. 사고상황의 대처

① هذه حالة طارئة .
하-디히 할-라트 따-리아.

② اتّصل بـ ١٢٢ .
잇타씰 비 와-히드 이쓰난 이쓰난.

③ اطلب الشرطة ، من فضلك .
우뜰릅 슈르따, 민 파들릭.

④ حرامي ! اوقفه .
하라-미, 아으끼프후.

⑤ حريق !
하리-끄.

⑥ ساعدني !
싸-이드니.

⑦ احذر / انتبه !
이흐다르/인타비흐!

⑧ ارقد !
우르꾸드!

⑨ الق القبض عليه !
알낄 까브드 알라이히!

❺ 병원 치료!

❶ 병원에 데려다 주세요.

❷ 구급차를 불러 주세요.

❸ 의사를 불러 주세요.

❹ 여기에 통증이 있습니다.

❺ 머리가 아픕니다.　/　열이 있습니다.

❻ 현기증이 납니다.　/　토할 것 같습니다.

❼ 설사를 합니다.　/　발목을 삐었어요.

❽ 다리가 부러졌습니다.

❾ 속이 쓰리고 소화가 안 됩니다.

11. 사고상황의 대처

❶ خذني الى المستشفى .

쿠드니 일랄 뮤스타슈파.

❷ اطلب سيارة إسعاف ، من فضلك .

우뜨룹 싸야-라트 이쓰아-프, 민 파들릭.

❸ اطلب طبيبا ، من فضلك .

우뜨룹 따비-반, 민 파들릭.

❹ أشعر بألم هنا .

아슈우르 비알람 후나.

❺ عندي صداع / عندي حرارة .

인디 쑤다-아/인디 하라-라.

❻ أشعر بالدوّار / أشعر بالتقيؤ .

아슈우르 빗다우와-르/아슈우르 빗타까유우.

❼ عندي إسهال / التوى قدمي .

인디 이쓰할-/일타와 까다미.

❽ انكسرت رجلي .

인카싸라트 리즐리.

❾ عندي حرقة في المعدة وسوء الهضم .

인디 하르까 필 마이다 와쑤-을 하듬.

❻ 약국의 처방!

❶ 이 처방대로 약 좀 조제해 주시겠어요?

❷ 감기(설사)약 좀 주십시오.

❸ 두통에 좋은 약 좀 주세요.

❹ 소화불량에 좋은 약 좀 주세요.

❺ 약을 몇 회나 복용합니까?

❻ 이 약을 하루 3번 식후에 드세요.

❼ 처방전 없이 이 약을 팔 수 없습니다.

11. 사고상황의 대처

❶ أريد دواء وفقا لهذه الوصفة الطبية ، من فضلك .
우리-드 다와-아 와프깐 리하-디힐 와쓰파 띳비야, 민 파들릭.

❷ الدواء للإسهال ، من فضلك .
앗다와-아 릴이쓰할-, 민 파들릭.

❸ أريد دواء للصداع .
우리-드 다와- 릿쑤다-아.

❹ أريد دواء لسوء الهضم .
우리-드 다와-아 리쑤-을 하듬.

❺ كم مرة آخذ الدواء .
캄 마르라 아-쿠듯 다와-아.

❻ ثلاث مرات في اليوم بعد الأكل ، من فضلك .
쌀라-쓰 마르라-트 필 야움 바으달 아클, 민 파들릭.

❼ لا يمكننا بيع هذا بدون وصفة طبية .
라 윰키누나 바이아 하-다 비두-니 와쓰파 띳비야.

사고상황 관련 단어!

◯ 사고 관련 단어표현

경찰서	**مركز الشرطة**	마르카즛 슈르따
경찰	**شرطي**	슈르띠
경찰관	**ضابط الشرطة**	다-비뜻 슈르따
파출소	**صندوق الشرطة**	쑨두-끗 슈르따
여권	**جواز السفر**	좌와-즛 싸파르
지갑	**حافظة**	하-피자
현금	**نقود**	누꾸-드
귀금속	**المعادن الثمينة**	알마아-디눗 싸미-나
분실증명서	**شهادة السرقة**	샤하-다틀 싸리까
발행증명	**سجل الفحص**	씨즐를 파흐쓰
재발행하다	**إعادة الإصدار**	이아-다틀 이쓰다-르

◯ 병원 관련 단어표현

병원	**مستشفى**	무스타슈파
의사	**طبيب**	따빕-
응급처치	**إسعاف أولي**	이쓰아-프 우울라
구급차	**سيارة إسعاف**	싸야-라트 이쓰아-프
환자	**مريض**	마리-드
입원	**دخول**	두쿨-

11. 사고상황의 대처

몸	جسم	쥐씀
머리	رأس	라으쓰
코/귀	أنف/أذن	안프/우둔
입/목	فم/عنق	팜므/우느끄
손/팔	يد/ذراع	야드/디라-아
발/다리	قدم/رجل	까담/리즐
가슴	صدر	싸드르
등/허리	ظهر/وسط	자흐르/와싸뜨
심장/간장	قلب/كبد	깔브/카브드
주사	حقنة	후꾸나
수술	عملية جراحية	아말리야 조라-히야
처방	وصفة طبية	와쓰파 띳비야
약	دواء	다와-아
체온	درجة حرارة	다라좌트 하라-라
열	حرارة	하라-라
맥박	نبض	나브드
혈압	ضغط الدم	다그뜨 담므
진단서	شهادة صحية	샤하-다 씨히야

● 질병 관련 단어표현

| 두통 | صداع | 쑤다-아 |

➕ 사고상황 관련 단어!

현기증	دوَار	다우와-르
기침	كحة	쿠하
재채기	عطسة	아뜨싸
감기	زكام / رشح	주캄-/라샤하
유행성 감기	انفلونز	인프루엔자
천식	نسمة	나싸마
폐렴	ذات الرئة	다-트 리아

● 약국 관련 단어표현

약국	صيدلية	싸이달리야
처방전	وصفة طبية	와쓰파 띳비야
탈지면	قطن ممتص	꾸뜬 뭄타쓰
반창고	شريط لاصق	샤리-뜨 라-씨끄
옥도정기	اليود	알요드
붕대	ضمادة	다마-다
거즈	شاش	샤-슈
아스피린	أسبرين	아스피린
감기약	دواء الزكام	다와-앗 주캄-
해열제	مانع للحمي	마-니아 릴훔마

12. 귀국 준비!

❶ 귀국 준비!

여행일정을 마무리하고 귀국을 준비하는 단계입니다. 먼저 개인짐을 잘 정리해서 가방의 부피를 최대한으로 줄이며, 짐의 갯수도 줄이도록 합니다. 그리고 귀국에 필요한 서류들은 다시 한번 확인하고 따로 작은 가방에 넣습니다.

ⓐ **예약 재확인** : 귀국날짜가 정해지면 미리 항공편 좌석을 예약해야 하며, 예약을 이미 해두었을 경우는 출발 예정시간의 72시간 전에 재확인을 해야 합니다. 항공사에 전화해 이름, 편명, 행선지를 말하고 자신의 연락 전화번호를 남기면 됩니다. 성수기 때에는 자칫 재확인을 안해 당일날 좌석을 구하지 못하는 일이 종종 있습니다.

빠르게 찾고 쉽게 말하는 여행회화! 여러분의 여행을 보다 즐겁고 편안하게 만들어 드립니다!!

귀국 준비는 이렇게!

ⓑ **하물의 정리** : 출발하기 전에 맡길 짐과 기내에 갖고 들어갈 짐을 나누어 꾸리고 토산품과 현지에서 구입한 물건의 품명과 금액을 리스트에 기재해 둡니다. 물건의 파손이 우려되는 제품은 가급적 직접 운반하는 것이 좋으며, 부피가 클 경우는 짐에 '주의! 파손위험'이라는 스티커를 보딩패스 시에 붙여달라고 요구합니다. 그리고 현지에서 산 면세물품 관련 서류를 반드시 챙겨 물건을 꼭 받아 나오도록 합니다.

ⓒ **출국절차** : 최소한 출발 2시간 전까지는 공항에 미리 도착해 체크인을 하십시오. 수하물 검사가 매우 철저하게 진행되기 때문에 상당 시간이 소요됩니다. 기내휴대 수하물 외의 짐은 탁송합니다. 화물은 항공기 탑재 중량을 먼저 주의하여야 하며, 초과 중량에 대해서는 1kg당 운임료를 따로 지불해야 합니다. 적지 않은 비용이기 때문에 반드시 미리 체크해야 합니다.

출국절차는 먼저 자신이 이용할 해당 항공사 데스크로 가서 여권, 출입국카드(입국시에 여권에 붙여놓았던 것), 항공권을 제시하면 계원이 출국 카드를 떼내고 비행기의 탑승권을 줍니다. 탑승권에는 좌석번호는 물론 탑승구 번호와 탑승시간까지 기록되어 있습니다. 항공권에 공항세가 포함되어 있지 않을 경우에는 출국 공항세를 지불해야 하는 곳도 있습니다. 이렇게 탑승절차를 마치고 난 후 다음은 보안검색과 기내휴대 수하물의 X선검사를 받습니다. 출국장 안으로 들어가게 되면 먼저 탑승권에 표시된 탑승 게이트로 가서 대기를 하거나 면세품코너를 들러 남은 시간을 보냅니다. 아직 선물을 준비하지 못했다면 이곳에서 사는 것이 좋습니다. 귀국할 때는 인천공항의 면세점을 이용할 수 없기 때문입니다.

12. 귀국 준비!

❷ 한국 도착!

한국에 도착한 후 입국절차는 ⓐ 입국신고서(세관신고서) 작성, ⓑ 검역, ⓒ 입국심사, ⓓ 세관검사의 순으로 진행됩니다. 입국신고서는 미리 준비해 둡니다. (출국신고서 작성시에 준비했던 것) 입국절차는 출국절차의 역순, **Q - I - C** (**Quarantine, Immigration, Customs**)입니다.

ⓐ 검역 : 비행기에서 내리면 맨 먼저 검역 부스가 있습니다. 대부분의 여행객에 대해서는 검사가 없으며, 주로 전염병이 보고된 지역의 여행객이 받습니다.

ⓑ 입국심사 : 내국인이라고 표시된 곳으로 가서 줄을 섭니다. 여권과 입국신고서를 제출하면 계원이 입국 카드를 떼어 내고 여권에 입국 스탬프를 찍어 주면 끝입니다.

ⓒ 세관 : 세관신고는 자진 신고제를 운영하고 있습니다. 세관 검사에 필요한 서류는 여권과 세관신고서입니다. 신고할 물품이 있으면 여기에 기재를 합니다만, 면세품의 경우는 구두로 신고해도 됩니다. 과세 대상품에 대해서는 세관원이 세액을 산출하여 지불용지를 작성해 줍니다. 지불할 돈이 모자라거나 없을 땐 일단 과세 대상품을 세관에 예치하고 나중에 찾아가도록 합니다. 현재 술, 담배, 향수 이외의 물건은 해외 취득 가격 합계 400달러까지 면세됩니다. 특별히 신고할 물건이 없으면 녹색심사대를 통해 우선 통과가 가능하지만 만약 미기재된 물품이나 신고한 금액을 초과한 물품에 대해서는 별도의 관세가 부과되며, 반입금지 물품(마약류, 총기류 등)에 대해서는 형사처벌을 받게 됩니다. 그리고 남의 짐을 잠시 맡아 주는 등의 도움이 자칫 밀수, 불법반입으로 악용되는 경우가 있기 때문에 특히 주의가 필요합니다.

● 귀국절차!

❶ 예약을 재확인하고 싶습니다.

❷ 출국수속 카운터는 어디입니까?

❸ 이 짐들을 대한항공 카운터로 옮겨주십시요.

❹ 초과요금은 얼마입니까?

❺ 탑승시간은 언제입니까?

❻ 대한항공 710편은 예정대로 출발합니까?

❼ 얼마나 지연됩니까?

12. 귀국 준비!

❶ أريد إعادة تأكيد الحجز .

우리-드 이아-다트 타으키-들 하즈즈.

❷ أين منضدة إجراءات الخروج ؟

아이나 민다다트 이즈라아-틀 쿠루-즈?

❸ انقل هذه الحقائب الى منضدة الخطوط الجوية الكورية ، من فضلك .

운꿀르 하-디힐 하까-이브 일라 민다다틀 쿠뚜-뜰 좌위얄 코리야, 민 파들릭.

❹ بكم أجرة الوزن الإضافي ؟

비캄 우즈라틀 와즈늘 이다-피?

❺ متى موعد ركوب الطائرة ؟

마타 마우-이드 루쿠-븟 따-이라?

❻ هل تنطلق طائرة ٧١٠ للخطوط الجوية الكورية كما هي ؟

할 탄딸리끄 따-이라트 싸브아 와-히드 씨프르 릴쿠뚜-뜰 좌위얄 코리야 카마 히야?

❼ كم تتأخّر ؟

캄 타타앗카르?

빠르게 찾고 쉽게 말하는 여행회화! 여러분의 여행을 보다 즐겁고 편안하게 만들어 드립니다!!

특별부록
비지니스 아랍어회화 !

해외 출장을 떠나시는 독자 여러분들을 위한 필수 비지니스 아랍어회화를 특별히 부록편으로 모아 정리했습니다. 간단한 인사말에서부터 상담, 계약, 주문에 이르기까지 꼭 필요한 필수 문장들을 중심으로 소개해 드립니다. 독자 여러분의 '성공 비지니스'를 기원합니다!

비지니스의 시작!

 ❶ 아랍비즈니스의 특성!

아랍에서의 비즈니스는 다른 지역에서의 비즈니스와는 많은 다른점이 있습니다. 그 중에 가장 큰 요인은 종교적인 문제, 즉 국민의 대부분이 이슬람교를 믿고 있고 또한 종교가 이들의 삶에 깊숙히 자리잡고 있다는 점입니다.

비지니스 회화, 기본에서 계약의 성공까지! 여러분의 출장을 확실하게 도와드립니다!

기본 회화에서 계약 성공까지!
비지니스 회화!

따라서 비즈니스에도 이런 종교적인 문화가 영향을 미치므로 이 지역에서 무역을 하려 한다면, 우선은 이슬람교에 대한 종교적 지식을 갖추어야 합니다.

다음으로 석유 수출이 이 지역 국가들의 주요 경제활동이므로 국제유가의 등락에 따라 시장경제가 좌우된다는 점을 고려해야 합니다.

또한 현지인보다는 외국에서 온 바이어들과 실제 거래를 해야 한다는 점과 실물경제의 취약성이 노출되는 것을 꺼려해서 경제무역정보가 적은 것도 아랍 비즈니스의 특징이라 볼 수 있습니다.

특별 부록 비지니스 회화!

비지니스의 시작!

❷ 이것만은 알아두자!

아랍권 지역에서의 비즈니스 시에 꼭 알아야 하는 점을 간략하게 모아 보았습니다. 유념해 두셨다가 실 거래시 활용해 보시길 바랍니다.

우선 다른 무엇보다도 그들의 의식구조의 핵심을 이루는 이슬람교를 잘 알아야 합니다. 모든 일이 인간이 아닌 신의 뜻이라 믿고 있으므로 결정적인 순간에 장애요인으로 작용할 수 있습니다.

또한 이 지역 사람들은 시간관념이 정확하지 않아서 약속을 잘 지키지 않으며 상담에서 구매 결정에 이르기까지 많은 시간이 걸리므로 너무 조급해 하지말고 여유를 갖고 그들을 대해야만 합니다. 그리고 상담시에 이쪽에서 제시한 가격을 많이 낮추므로 가격면에서 어느 정도 여유를 갖고 상담에 임하는 것이 좋습니다.

또한 대금 지불시에 수표는 절대로 받으면 안됩니다. 우리와는 달리 그 지역에서는 수표 발행이 누구나 가능하며 은행이 지급 보증을 하지 않으므로 못 받아도 대책이 없는 실정이므로 수표는 받지 않도록 합니다.

비지니스 회화, 기본에서 계약의 성공까지! 여러분의 출장을 확실하게 도와드립니다!

기본 회화에서 계약 성공까지!
비지니스 회화!

❶ 대표이사님과 약속하고 왔습니다.

❷ 그와 상의할 문제가 좀 있어서요.

❸ 시간이 되시는 지 알아보겠습니다.

❹ 그는 오늘 쉬는 날입니다.

❺ Johnson 씨는 지금 회의 중입니다.

❻ 제가 기다리시게 했습니까?

❼ 오늘 오후 내 사무실로 와주시겠습니까?

특별 부록 비지니스 회화!

❶ 방문객을 맞을 때!

❶ **عندي موعد مع المسؤول التنفيذي.**
인디 마우이드 마알 마쓰울-룻 탄피-디.

❷ **عندي شيء للنقاش معه .**
인디 샤이 린니까-슈 마아후.

❸ **دعني أعرف أنه ممكن .**
다으니 아으리프 안나후 뭄킨.

❹ **هو لا يعمل اليوم .**
후와 라 야으말 알야움.

❺ **السيد جونسون في الاجتماع الآن .**
앗싸이드 존슨 필 이즈티마-아 알안-.

❻ **هل تنتظرني ؟**
할 탄타지르니?

❼ **هل يمكنك أن تحضر الى مكتبي اليوم بعد الظهر ؟**
할 윰키누카 안 타흐두르 일라 마크타비 알야움
바으닷 주흐리?

비지니스 회화, 기본에서 계약의 성공까지! 여러분의 출장을 확실하게 도와드립니다!

기본 회화에서 계약 성공까지!
비지니스 회화!

❶ 우리 회사에 오신 것을 환영합니다.

❷ 환영해주셔서 감사합니다.

❸ 저는 SBJ의 대표이사, 제이슨 리입니다.

❹ 저는 판매부를 맡고 있습니다.

❺ 제 명함입니다.

❻ 사업 근황이 어떻습니까?

❼ 그저 그래요.

특별 부록 비지니스 회화!

❷ 인사할 때!

❶ أهلا وسهلا في شركتنا !

아흘란 와싸흘란 피 샤리카트나!

❷ شكرا على استقبالكم الحار .

슈크란 알라 이스타끄발-리쿰 하-르.

❸ أنا جيسون لي ، رئيس اس بي جيه .

아나 제이슨 리. 라이-쓰 에쓰비췌이.

❹ أنا مسؤول عن قسم المبيعات .

아나 마쓰울- 안 끼쓰믈 마비아-트.

❺ ها هي بطاقة الاسم .

하 히야 비따-까틀 이씀.

❻ كيف حال أعمالك ؟

카이파 할 아으말-르카?

❼ ليست سيئة .

라이싸트 싸이아.

비지니스 회화, 기본에서 계약의 성공까지! 여러분의 출장을 확실하게 도와드립니다!

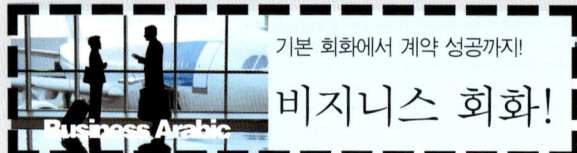

기본 회화에서 계약 성공까지!
비지니스 회화!

❶ 저희 회사는 2000년에 설립되었습니다.

❷ 지점은 몇 개나 됩니까?

❸ 우리는 서울에 13개의 대리점을 가지고 있습니다.

❹ 귀사의 사업 계획은 무엇입니까?

❺ 주요상품들은 무엇입니까?

❻ 국제인증을 가지고 있습니까?

❼ 귀사의 마케팅 전략은 무엇입니까?

특별 부록 비지니스 회화!

❸ 회사를 소개할 때!

❶ أنشئت شركتنا عام ألفين .

운쉬아트 샤리카트나 아-마 알파인.

❷ كم مكتبا فرعيا عندكم ؟

캄 마크타반 파르이얀 인다쿰?

❸ عندنا ١٣ وكيلا في سيول .

인다나 쌀라-싸타 아샤라 와킬-란 피 서울.

❹ ما خطة أعمالك ؟

마 쿠따트 아우말-르카?

❺ ما منتجاتك الرئيسية ؟

마 문타좌-트카 라이-씨야?

❻ هل لشركتك شهادة ISO ؟

할 리샤리카트카 샤하다트 ISO?

❼ أريد أن أعرف استيراتيجية تسويقك .

우리-드 안 아으리프 이스티라티-지야 타쓰위-끄카.

비지니스 회화, 기본에서 계약의 성공까지! 여러분의 출장을 확실하게 도와드립니다!

기본 회화에서 계약 성공까지!
비지니스 회화!

❶ 교환번호 305번 대주시겠어요?

❷ 그에게 연결시켜드리겠습니다.

❸ 그는 지금 자리에 안 계신데요.

❹ 5분 후에 다시 전화해 주시겠어요?

❺ Jason과 어떻게 연락할 수 있을까요?

❻ 011-123-4321으로 연락 할 수 있으십니다.

❼ 데이빗은 가능한 한 빨리 당신이 전화해 주길 바라고 있습니다.

특별 부록 비지니스 회화!

❹ 전화 통화시에!

❶ لو سمحت تحويل ٣٠٥ ، من فضلك .

라우 싸마흐타 타흐윌- 쌀라-싸 아흐와 캄싸. 민 파들릭.

❷ سأحوّل اتّصالك اليه .

싸우하우윌 잇티쌀-르카 일라이히.

❸ هو غير موجود الآن .

후와 가이르 마우주-드 알안-.

❹ اتّصل مرة أخرى بعد خمس دقائق .

잇타씰 마르라 우크라 바으다 캄싸 다까-이끄.

❺ كيف أتّصل بالسيد جيسون ؟

카이파 앗타씰 빗싸이드 제이슨?

❻ يمكن أن تتّصل به على الرقم ٤٣٢١-١٢٣-٠١١

윰킨 안 탓타씰 비히 알라 라끔 씨프르 와-히드
와-히드 와-히드 이쓰난- 쌀라-싸 아르바아
쌀라-싸 이쓰난- 와-히드.

❼ يريد دافيد أن ترد على اتّصاله في أسرع وقت ممكن .

유리-드 데이빗 안 타룻드 알랏 티쌀-리히 피
아쓰라아 와끄트 뭄킨.

비지니스 회화, 기본에서 계약의 성공까지! 여러분의 출장을 확실하게 도와드립니다!

기본 회화에서 계약 성공까지!
비지니스 회화!

❶ 귀사의 신제품을 보여주실 수 있습니까?

❷ 시범설명을 해드릴께요.

❸ 얼마동안 품질 보증이 됩니까?

❹ 단위당 가격은 얼마입니까?

❺ 가격은 수량에 따라 달라집니다.

❻ 이것이 최저가격인가요?

❼ 지불조건에 대해 알고 싶습니다.

특별 부록 비지니스 회화!

❺ 상담할 때!

❶ **أرني منتجاتك الجديدة من فضلك .**

아리니 문타좌-트칼 좌디-다 민 파들릭.

❷ **أقدّم عرضا توضيحيا لك .**

우깟딤 아르단 타우디-히얀 라크.

❸ **كم مدة الضمان ؟**

캄 뭇다툿 다만-?

❹ **كم سعر الوحدة ؟**

캄 씨으를 와흐다?

❺ **السعر يعتمد على الكمية .**

앗씨으르 야으타미드 알랄 캄미야.

❻ **هل هذا أفضل سعر ؟**

할 하-다 아프달 씨으르?

❼ **أريد أن أعرف شروط الدفع .**

우리-드 안 아으리프 슈루-뜨 다프아.

비지니스 회화, 기본에서 계약의 성공까지! 여러분의 출장을 확실하게 도와드립니다!

기본 회화에서 계약 성공까지!
비지니스 회화!

❶ 그 제품의 재고가 있습니까?

❷ 귀사의 제품을 주문하고 싶습니다.

❸ 얼마나 주문하실 겁니까?

❹ 주문을 변경하고 싶습니다.

❺ 계약서를 작성합시다.

❻ 계약서 받으셨나요?

❼ 네, 계약서가 오늘 아침 일찍 도착했습니다.

특별 부록 비지니스 회화!

❻ 계약, 주문을 할 때!

❶ هل عندك المنتجات في المخزن ؟

할 인다카 문타좌-트 필 마크잔?

❷ أريد أن أطلب منتجاتك .

우리-드 안 아뜰룹 문타좌-트카.

❸ كم تريد أن تطلب ؟

캄 투리-드 안 타뜰룹?

❹ أريد تغيير طلبيتي .

우리-드 타그이이-르 딸라바티.

❺ دعنا نحرّر عقدا .

다으나 누하리르 아끄단.

❻ هل استلمت العقد ؟

할 이스탈람탈 아끄드?

❼ نعم، وصل اليّ العقد باكر صباح اليوم .

나암, 와쌀라 일라이얄 아끄드 바키라 싸바-할 야움.

비지니스 회화, 기본에서 계약의 성공까지! 여러분의 출장을 확실하게 도와드립니다!

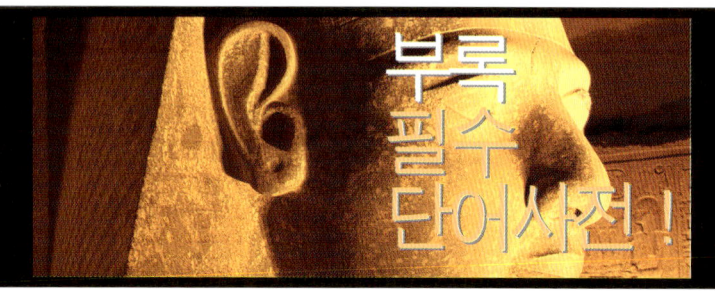

부록 : 필수 단어 사전!

꼭! 꼭! 꼭! 필요한 단어들을 내용별로 정리한 사전입니다!

● 숫자 **Numbers**　　**아랍어 숫자는 우리가 사용하는 숫자와 모양이 다릅니다!

0	영	٠/صفر	씨프르
1	첫번째	١/واحد/الأول	와-히드/알아우왈
2	두번째	٢/اثنان/الثاني	이쓰나-니/앗싸-니
3	세번째	٣/ثلاثة/الثالث	쌀라-싸/앗쌀-리쓰
4	네번째	٤/أربعة/الرابع	아르바아/아라-비아
5	다섯번째	٥/خمسة/الخامس	캄싸/알카-미쓰
6	여섯번째	٦/ستة/السادس	씻타/앗싸-디쓰
7	일곱번째	٧/سبعة/السابع	싸브아/앗싸-비아
8	여덟번째	٨/ثمانية/الثامن	싸마-니야/앗싸-민

**아랍어는 오른쪽에서 왼쪽으로 쓰고 읽지만,
숫자는 왼쪽에서 오른쪽으로 쓰고 읽습니다!

부록 필수 단어 사전!

● 숫자 Numbers

9(번째)	٩/تسعة/التاسع	티쓰아/앗타-씨아
10(번째)	١٠/عشرة/العاشر	아샤라/알아-쉬르
11(번째)	١١/أحد عشر/الحادي عشر	아하다 아샤라/알하-디야 아샤라
12(번째)	١٢/اثنا عشر/الثاني عشر	이쓰나 아샤라/앗싸-니야 아샤라
13(번째)	١٣/ثلاثة عشر/الثالث عشر	쌀라-싸타 아샤라/앗쌀-리싸 아샤라
14(번째)	١٤/أربعة عشر/الرابع عشر	아르바아타 아샤라/아라-비아 아샤라
15(번째)	١٥/خمسة عشر/الخامس عشر	캄싸타 아샤라/알카-미싸 아샤라
16(번째)	١٦/ستة عشر/السادس عشر	싯타타 아샤라/앗싸-디싸 아샤라
17(번째)	١٧/سبعة عشر/السابع عشر	싸브아타 아샤라/앗싸-비아 아샤라
18(번째)	١٨/ثمانية عشر/الثامن عشر	싸마-니야타 아샤라/앗싸-미나 아샤라
19(번째)	١٩/تسعة عشر/التاسع عشر	티쓰아타 아샤라/앗타-씨아 아샤라
20(번째)	٢٠/عشرون/العشرون	이슈룬-/알이슈룬-
30(번째)	٣٠/ثلاثون/الثلاثون	쌀라쑨-/앗쌀라쑨-
40(번째)	٤٠/أربعون/الأربعون	아르바운-/알아르바운-
50(번째)	٥٠/خمسون/الخمسون	캄쑨-/알캄쑨-
60(번째)	٦٠/ستون/الستون	싯툰-/앗싯툰-
70(번째)	٧٠/سبعون/السبعون	싸브운-/앗싸브운-
80(번째)	٨٠/ثمانون/الثمانون	싸마눈-/앗싸마눈-

꼭! 꼭! 꼭! 필요한 단어들을 내용별로 정리한 사전입니다!

● 숫자 **Numbers**

90(번째)	٩٠/تسعون/التسعون	티쓰운-/앗티쓰운-
100(번째)	١٠٠/مائة/المائة	미아/알미아
1000	١٠٠٠/ألف	알프
10,000	١٠,٠٠٠/عشرة آلاف	아샤라트 알라-프
100,000	١٠٠,٠٠٠/مائة ألف	미아트 알프
1,000,000	١,٠٠٠,٠٠٠/مليون واحد	밀리운- 와-히드
2배	ضعفان	디으파-니
3배	ثلاث مرات/ثلاثة أضعاف	쌀라-쓰 마르라-트/쌀라-싸트 아드아-프
반(1/2)	نصف	니쓰프
1/4	ربع	루브아
한 번	مرة	마르라
두 번	مرتين	마르라타인
세 번	ثلاث مرات	쌀라-쓰 마르라-트
1 다스	دزينة	다지-나
2 다스	دزينتين	다지-나타인

부록 필수 단어 사전!

● 시간 time

한 시간	ساعة واحدة	싸-아 와-히다
두 시간	ساعتين	싸-아타인
30분	نصف ساعة	니쓰프 싸-아
10분	عشر دقائق	아샤라 다까-이끄
6초	ستة ثوان	씻타트 싸와-니

● 날짜 Day

오전 · 아침	صباح	싸바-하
정오	عند الظهر	인닷 주흐르
오후	عصر	아쓰르
저녁	مساء	마싸-아
밤	ليلة	라일라
오늘	اليوم	알야움
오늘 아침	هذا الصباح	하-닷 싸바-하

꼭! 꼭! 꼭! 필요한 단어들을 내용별로 정리한 사전입니다!

● 날짜 **Day**

오늘 밤	**هذه الليلة**	하-디힐 라일라
오늘 저녁	**هذا المساء**	하-달 마싸-아
어제	**أمس**	암쓰
내일	**غدا**	가단
내일 아침	**غدا صباحًا**	가단 싸바-한
내일 오후	**غدا مساءً**	가단 마싸-안
내일 저녁	**غدا مساءً**	가단 마싸-안
모레	**بعد الغد**	바으달 가드
그저께	**أمس الأول**	암썰 아우왈

● 계절 **Seasons**

봄	**ربيع**	라비-아
여름	**صيف**	싸이프
가을	**خريف**	카리-프
겨울	**شتاء**	쉬타-아

● 주 Week

한국어	아랍어	발음
일요일	الأحد	알아하드
월요일	الاثنين	알이쓰나인
화요일	الثلاثاء	앗쑬라-싸아
수요일	الأربعاء	알아르비아-아
목요일	الخميس	알카미-쓰
금요일	الجمعة	알주므아
토요일	السبت	앗쌉트
이번 주	هذا الأسبوع	하-달 우쓰부-아
다음 주	الأسبوع القادم	알우쓰부-알 까-딤
지난 주	الأسبوع الماضي	알우쓰부-알 마-디

● 월 Months

한국어	아랍어	발음
1월	الأحد	야나-이르
2월	الاثنين	피브라-이르
3월	الثلاثاء	마-리쓰
4월	الأربعاء	이브릴-

● 월 Months

5월	مايو	마유
6월	يونيو	유뉴
7월	يوليو	율류
8월	أغسطس	우그쓰뜨쓰
9월	سبتمبر	썹팀비르
10월	أكتوبر	우크투비르
11월	نوفمبر	누팜비르
12월	ديسمبر	디쎔비르
이달	هذا الشهر	하-닷 샤흐르
다음 달	الشهر القادم	앗샤흐를 까-딤

● 가족 Family

남자	رجل	라즐
여자	امرأة	이므라아
소년	ولد	왈라드

● 가족 Family

소녀	بنت	빈트
아기	رضيع	라디-아
어린이	طفل	띠플
아버지	والد/أبو	왈-리드/아부
어머니	والدة/أم	왈-리다/움무
부모	والدين	왈-리다인
남편	زوج	자우즈
아내	زوجة	자우좌
형제	أخ	아쿠
자매	أخت	우크트
약혼자	خطيب	카띱-
약혼녀	خطيبة	카띠-바
친구	صديق	싸디-끄
아들	ابن	이븐
딸	ابنة	이브나
조카(남/여)	ابن عمّ/ابنة عمّ	이븐 암무/이브나트 암무
아저씨	عمّ	암무
아주머니	عمّة	암마

● 국민과 언어

People / Language

한국인(어)	الكوري/الكورية	알코-리-/알코-리야
미국인	الأمريكي/الإنجليزية	알아무리-키-/알아므리-키야
영국인(어)	الإنجليزي/الإنجليزية	알인질리-지-/알인질리-지야
일본인(어)	الياباني/اليابانية	알야바-니-/알야바-니야
중국인(어)	الصيني/الصينية	앗씨-니-/앗씨-니야
프랑스인(어)	الفرنسي/الفرنسية	알파란씨-/알파란씨야
스페인인(어)	الإسباني/الإسبانية	알이스바-니-/알이스바-니야
독일인(어)	الألماني/الألمانية	알알마-니-/알알마-니야
이태리인(어)	الإيطالي/الإيطالية	알이딸-리-/알이딸-리야
태국인(어)	التايلاندي/التايلاندية	앗타이란디-/앗타이란디야
아랍인(어)	العربي/العربية	알아라비-/알아라비야

● 국가명 **Nation**

한국	كوريا	코리야
미국	الولايات المتّحدة الأمريكية	앗윌라야-틀 뭇타히달 아므리키야

부록 필수 단어 사전!

● 국가명 **Nation**

영국	**بريطانيا**	바리따-니야
일본	**اليابان**	알야반-
중국	**الصين**	앗씬-
프랑스	**فرنسا**	파란싸
스페인	**إسبانيا**	이스바-니야
독일	**ألمانيا**	알마-니야
이탈리아	**إيطاليا**	이딸-리야
사우디 아라비아	**السعودية**	앗쑤우-디야
이집트	**مصر**	미쓰르
요르단	**الأردن**	알우르둔
이라크	**العراق**	알이라-끄
카타르	**قطر**	까다르
쿠웨이트	**الكويت**	알쿠와이트
바레인	**البحرين**	알바흐라인
레바논	**لبنان**	루브난-
튀니지아	**تونس**	투-니쓰
모로코	**المغرب**	알마그립

꼭! 꼭! 꼭! 필요한 단어들을 내용별로 정리한 사전입니다!

Step by step!

1 목적지 공항도착!
목적지 공항에 도착하면 짐을 잘 챙겨서 내립니다. 입국심사 서는 미리 준비하세요!

2 도착 출구통과!
'Arrival'이라고 표시된 출구를 찾아 통과합니다.

✚ **잠깐만요!**
여권, 입국심사서, 항공권, 수하물표를 잘 챙겨서 나가십시오!